REFLEXIONES PARA ENVEJECER CON PLENITUD

Primera edición: febrero de 2024

Diseño de cubierta: Planeta Arte & Diseño

Av. Diagonal, 662-664, 08034 Barcelona (España)
Libros Cúpula es marca registrada por Editorial Planeta, S. A.
www.planetadelibros.com

ISBN: 978-84-480-4071-0
D. L: B. 19.908-2023

Impresor: Liberdúplex

PEFC Certificado
Este libro procede de bosques gestionados de forma sostenible
PEFC
PEFC/14-38-00305
www.pefc.es

JORDI QUEROL

REFLEXIONES PARA ENVEJECER CON PLENITUD

HAZLO POSIBLE

LIBROS CÚPULA

En el fondo de nosotros mismos
siempre tenemos la misma edad.

Graham Greene

El secreto de una buena vejez no es otra cosa
que un pacto con la soledad.

Gabriel García Márquez

El entusiasmo es el pan diario de la juventud.
El escepticismo, el vino diario de la vejez.

Pearl S. Buck

Cuando uno se hace viejo, gusta más releer que leer.

Pío Baroja

El arte de envejecer es el arte de conservar alguna esperanza.

André Maurois

Nadie es tan viejo que no pueda vivir un año más,
ni tan mozo que hoy no pudiese morir.

Fernando de Rojas

Dedico este libro a María Juana Hidalgo, mi mujer.
Vivir con ella ha valido la pena.

SUMARIO

SOBRE EL AUTOR

En numerosas ocasiones, Jordi me ha compartido una inquietud: «Sandra, la sociedad nos quiere jubilar, a pesar de que nosotros no lo deseemos».

El arquitecto Jordi Querol no se retirará nunca; él ha optado por vivir con una gran intensidad y generosidad, compartiendo cada una de sus pasiones con sus compañeros de profesión. Nunca deja de sorprendernos, esta vez lo hace con un libro que nos recuerda que la sociedad debería nutrirse de sus sabios. Desde su madurez intelectual, el autor no ha cesado de hacernos regalos como arquitecto, diseñador, pintor, pianista y escritor... recuperando así el espíritu plural y heterogéneo del humanista del Renacimiento, por siempre entregado al arte, el conocimiento y la reflexión.

Probablemente, el Jordi arquitecto sea el más conocido, primero en la administración pública, trabajando en la Diputació de Barcelona y, posteriormente, con su despacho profesional como proyectista de obra nueva, rehabilitación y peritajes.

Su compromiso público con la profesión nace siendo asesor del president Josep Tarradellas a su regreso a Cataluña. Y será constante a lo largo de su vida, a través de su participación en organismos de representación de los arquitectos, tanto nacionales como internacionales: presidente de la demarcación de Barcelona del Col·legi d'Arquitectes de Catalunya (COAC), vicepresidente del Consejo de Arquitectos de Europa y, aunque pueda parecer una entidad menor, presidente del Consejo Rector de la Cooperativa de Arquitectos Jordi Capell, probablemente la mejor librería especializada en arquitectura de Europa, ubicada en el propio COAC.

El piano acompaña siempre sus viajes y ha sido testigo de sus periplos por grandes ciudades de varios continentes: Nueva York,

Vancouver, Toronto, Berlín, Lisboa, Hamburgo, Budapest, San Juan de Puerto Rico, Bruselas, Liubliana, Torino, Padua, Ciutadella, Madrid, Girona o Xanià (Creta). Y, cómo no, su ciudad natal, Barcelona, donde desde hace veinte años, cada septiembre, el Jordi pianista deleita a sus compañeros de profesión con un concierto que anuncia la presentación de su último libro, un acto cuya celebración ni siquiera la pandemia fue capaz de impedir, cuando en octubre de 2020 ofreciera un concierto especial al aire libre en los recién restaurados jardines del Doctor Pla i Armengol bajo el título «60 Years After», en conmemoración de la beca que le concedió el Liceo en 1960 para finalizar sus estudios de piano en Boston. Un regalo del destino para un joven de un país donde imperaba la oscuridad política.

Toda esa experiencia, de más de medio siglo, ha quedado plasmada por medio de los artículos habituales publicados en prensa que el Jordi pensador, desde hace ya dos décadas, no duda en regalarnos para poner siempre el dedo en la llaga desde la libertad que da el aprendizaje de toda una vida.

No podemos olvidar al Jordi docente: durante catorce años fue profesor de Urbanismo en la Escuela de Arquitectura La Salle y, además, desde su amor a Barcelona, es capaz de construir una insólita historia musicada de la ciudad, que ofrece a los miles de jóvenes que participan de la Semana de Arquitectura organizada por el COAC desde 2019. Durante siete días, la segunda semana de mayo, las aulas de las escuelas se abren a equipos de arquitectos para hacer llegar a los alumnos los valores de nuestra profesión, mediante talleres de sostenibilidad y accesibilidad, replanteamiento de los espacios educativos y el fomento del redescubrimiento de su entorno. Un proyecto donde Jordi sincroniza sus tres pasiones: la arquitectura, la música y la docencia (que ejerció también como profesor universitario).

Su personalidad inquieta y ávida de curiosidad hacen de él un profesional caleidoscópico, virtuoso de todas las artes. El Jordi pintor domina el dibujo y la pintura, imprescindibles para transmitir nuestros proyectos arquitectónicos, y que él utiliza para deslumbrarnos con series de cuadros que van desde el realismo impresionista a la abstracción pura. Primero, nos regala salud, con cuarenta retratos que capturan las sonrisas de amigos y familiares, para después conmovernos con una serie de cuadros abstractos que plasman las etapas de la vida a través del color.

Si salimos del lienzo plano, el Jordi diseñador es capaz de crear un organizador de lápices y tarjetas muy especial simplemente doblando un DIN-A4 de cartón: el DeskHelp, hijo de su diseño anterior que él bautizó como Squeezer. Es, en realidad, una maqueta de la sede del Col·legi d'Arquitectes de Catalunya (COAC), situada frente la Catedral de Barcelona, reconocible fácilmente por los característicos frisos de Pablo Picasso y el escultor noruego Carl Nasjr.

En 2022, la Junta de Gobierno del Col·legi d'Arquitectes de Catalunya otorgó la Medalla del COAC a Jordi Querol por su trayectoria polifacética, como referente indiscutible del espíritu humanista que acompaña a la profesión de la arquitectura y su voluntad de servicio a la sociedad. Y este espíritu es el que se desprende del libro que tienen en sus manos, *Reflexiones para envejecer con plenitud,* a través de cuyos textos el Jordi escritor más personal y sincero nos propone recuperar el protagonismo, como seres humanos, en la sociedad líquida actual, y nos empuja a compartir los aprendizajes de toda una vida desde la serenidad que da la experiencia.

Leed con atención, sentiréis cómo brota la vitalidad de cada palabra.

Sandra Bestraten Castells
Presidenta de la Demarcació de Barcelona
Col·legi d'Arquitectes de Catalunya COAC

PRÓLOGO

En este libro de Jordi Querol que tenemos entre las manos encontramos decenas de claves o sugerencias para vivir una existencia que merezca la pena, haciendo especial énfasis en la etapa por la que su vida transcurre en la actualidad, la «edad azul», como a él le gusta llamarla, un periodo lleno de posibilidades y alegrías siempre y cuando la salud nos lo permita.

Jordi nos lleva de la mano a través de una vida rica y feliz, con el objetivo de sentar las bases para que el último tramo también lo sea. Porque, al final, cada etapa se sustenta y se nutre de la anterior, estratificándose en un «todo» que es el existir.

Si mientras somos jóvenes o maduros vamos teniendo en cuenta ciertos elementos que Jordi nos desvela, nuestra vejez será, sin duda, mucho más rica.

Ya hace tiempo que sé de su talento, sin embargo, esta vez Jordi Querol se ha superado a sí mismo; nos transmite secuencias complicadísimas de la senectud de una manera clara y sencilla, y lo hace como si nada. Y así, en ese tono llano que lo caracteriza, protesta sobre reflexiones escritas acerca de la ancianidad que a él le parecen erróneas, y lo hace sin acritud, pero con absoluta contundencia. A lo largo de los treinta capítulos de su libro no solo nos recuerda un buen puñado de virtudes que atañen a la longevidad y que para él están muy claras: «La libertad es lo mejor de la vejez» o «Todos los ancianos somos extraordinariamente diferentes», sino que también nos aconseja sobre otras: «Para mí, vivir una buena vejez solo es posible si sabemos llenarla de contenidos»; «Durante la vejez, planear cosas diferentes para el mañana es básico»; «Los ancianos tenemos la obligación moral de seguir integrados en la sociedad en la que vivimos»...

Cuando me incorpore a esa época que él conoce muy bien y que más tarde o más temprano llega para todos, procuraré hacerle caso. No porque valore su inteligencia y sus sabios consejos, que también, sino porque leo la felicidad en su rostro y sería muy torpe por mi parte no seguir sus pasos y querer emularle.

Después de compartir tiempo con él, siempre me siento con las pilas cargadas, con un montón de ideas nuevas y proyectos que iniciar. Su energía y ansias de vivir son envidiables. No sé de dónde saca la fuerza y las ganas, pero nunca le faltan. En este libro nos aclara algunos de sus trucos para que eso suceda; yo los he hecho míos y los seguiré porque, para mí, sin ningún género de duda, conocer a Jordi Querol ha sido una de esas cosas que han merecido la pena.

Berta Pardina
Barcelona, marzo de 2023

INTRODUCCIÓN DEL AUTOR

«Si tenemos la oportunidad de vivir más, es mejor hacerlo de manera que valga la pena. La vejez no es el tiempo de descuento de la vida.» Una interesante recomendación de Javier Yanguas, gerontólogo y autor de *Pasos hacia una nueva vejez*, que coincide plenamente con lo que me propongo hacer como octogenario cada día al levantarme por la mañana. Después de seguirla al pie de la letra durante muchos años, he querido escribir este libro con la esperanza de que sirva para vislumbrar que, en el último capítulo de nuestras vidas, siempre quedan caminos por descubrir y recorrer.

Hace muy poco, concretamente durante la semana en que acabé este libro, me enteré de que en Cuba existe un popular programa televisivo cuyo nombre es *Vale la pena*. Investigué al respecto a través de internet y descubrí que el responsable del mencionado espacio es un profesor de Psicología de la Universidad de la Habana llamado Manuel Calviño, también autor de un texto titulado *Vale la pena*. Y al verificar que el volumen del profesor Calviño habla de la gente mayor, pero no de manera troncal, decidí continuar con el mío. En definitiva, *Reflexiones para envejecer con plenitud* y la obra del psicólogo cubano presentan enfoques muy distintos. Sin embargo, transcribo aquí «Falacias de la tercera edad», un capítulo de su libro donde se ponen de manifiesto siete injusticias históricas que muchas sociedades del pasado cometieron al referirse a los ancianos. Unas aseveraciones erróneas que, al leerlas, ponen la piel de gallina: «la vejez es una enfermedad». «Todos los viejos y las viejas son iguales.» «En la vejez no hay nada que aprender porque el pensamiento se oxida.» «En la vejez se acaba la sexualidad.» «A los viejos hay que dejarlos descansar, mejor que no hagan nada.» «A los viejos solo les motiva estar con sus nietos», y «a los viejos les gusta estar solos viviendo de sus recuerdos».

Los treinta capítulos de mi libro parecen redactados adrede para desmentir las siete falacias anteriores. En ellos se habla de la vejez sin ninguna «pretensión científica»; yo nada tengo que ver con la medicina o la biología, soy simplemente un socio activo de este club denominado ancianidad. Como reza su título, son reflexiones sobre la vejez de un octogenario que milita desde hace muchos años en ella y, por lo tanto, al estar viviéndola de manera intensa y feliz acompañado de mis seres queridos y de un pequeño grupo de buenos amigos, ha pasado lo mismo que me ocurrió con Barcelona hace algunos años: al conocer al dedillo mi ciudad me atreví a escribir sobre ella. Este libro está aquí por eso, porque he sentido la necesidad de contar a los demás algunas cosas acerca de la vejez, que conozco muy bien; ha sido una especie de desahogo.

En este libro afloran experiencias de un sénior que ha pasado por la vida aprendiendo, escuchando, observando a los demás, amando a familiares y amigos y, especialmente, trabajando para construir un mundo mejor. Un anciano que sabe muy bien que recorrer el último capítulo de nuestra existencia de manera que valga la pena no es un imposible. Por todo lo anterior, por mis ochenta y seis años (nací el 16 de febrero de 1938), poseedor de algunas experiencias y, cómo no, de cierto escepticismo, me he atrevido a escribir estas páginas. Ya lo dijo Claudio Magris: «uno solo comienza a entender las cosas a partir del momento en que las escribe».

Por otro lado, debo decir que este libro va dirigido a los ancianos que, gracias a los adelantos médicos actuales, conservan la mente clara y gozan de una movilidad aceptable, todos aquellos séniores que han tenido la suerte de no sufrir ninguna de las tristes enfermedades que todos conocemos, y por este motivo continúan siendo felices. Para dicho grupo de afortunados —entre los que me incluyo—, esta época significa el comienzo de una etapa de bienestar y de liberación de ciertas obligaciones, lo que nos permite disfrutar de la oportunidad de hacer y aprender multitud de cosas, esto es: vivir de otra manera.

Las edades de todas esas personas a las que me dirijo son muy variables, pero hay muchos otros —también de longevidades similares— que no pueden sentir dicho entusiasmo debido a que sus padecimientos no se lo permiten. Por eso quiero reivindicar desde aquí que cuando definamos a estos numerosos y heterogéneos grupos de gente mayor, usemos sus características comunes. Deberíamos clasificarlos por motivaciones compartidas, no a través de determinadas fechas. Otra cosa es mi personal interés en buscar el vocablo más adecuado para referirme a todos ellos a la vez, en concreto una palabra para adjetivar al conjunto de ciudadanos que ya han cumplido los sesenta y cinco años, pero a sabiendas de que todos ellos son muy distintos; unos aún están activos y con salud, pero otros se encuentran enfermos desde hace años.

Aunque la vida sea un continuo de acontecimientos muy diversos —algunas veces muy desagradables—, debemos aceptarla tal y como es. Al transitar por ella solo una vez, tenemos el deber de encontrar su parte positiva. A este poder misterioso, colosal y generoso (Dios para muchos, el azar para algunos o fuerzas inimaginables para otros), que nos regala la vida no se le puede defraudar; por lo tanto, los séniores que hemos tenido la inmensa fortuna de llegar hasta aquí con el intelecto en buen estado no tenemos derecho a malgastarla. Nuestra obligación es no dejarnos ir, o lo que es lo mismo, continuar caminando con ilusión y, a poder ser, ayudando a todos aquellos seres queridos que lo necesitan.

Después de tantos años al pie del cañón —creación de la familia, preparar a los hijos, sucesos fortuitos...— somos conscientes de que recrearse con una puesta de sol, estudiar una carrera, ver una buena película, mirar el movimiento de las olas del mar, escuchar una mazurca de Chopin o abrazar a un nieto son cosas que valen la pena.

Los propósitos que defiendo en estas páginas pueden ayudar a crear políticas de salud pública más eficaces y humanas con ánimo de mejorar el bienestar de la gente mayor. Si esto ocurriera, un buen número de ancianos podremos vivir esta fase particular de la existencia de una manera más digna y atrayente. Y así, sanos y felices, nos vamos haciendo mayores, pero no viejos, acatando lo que escuché en un vídeo de TikTok, que rezaba así: «Aquí no hay viejos, solo nos llegó la tarde».

Curiosamente, nada tengo contra la palabra «vejez», sin embargo, «viejo» es un vocablo que nunca me ha resultado atractivo para designar a determinadas personas, al contrario de lo que opina la excelente actriz malagueña Fiorella Faltoyano, quien reivindica con mucho ímpetu el término «viejo» para referirse a la gente mayor.

Respecto a este tema, anuncio a los lectores que he decidido referirme a todos los ciudadanos que sobrepasen los sesenta y cinco años con la palabra «séniores». Al denominarlos de esta forma, podemos englobar en un mismo conjunto a personas muy diversas. Un vocablo que no es aplicable a una silla o un edificio (solo lo usamos al referirnos a personas). También usaré distintos eufemismos: «Gente mayor», «longevos», «septuagenarios», «octogenarios» o «silvers». Así evito dos cosas: por un lado, las reiteraciones y, por otro, el empleo de un término que no me gusta. Mi rechazo al vocablo «viejo» proviene de la cultura específica en la que crecí de pequeño; todos los miembros de mi familia (padres, hermanos, abuela y *tieta*) éramos catalanoparlantes, y siempre usábamos otros términos al referirnos a los ancianos, el más usual era «la gente mayor» (en catalán *la gent gran*). Por eso, siempre me ha sorprendido comprobar que las expresiones «mi viejo» y «mi vieja» se usan constantemente y con mucho cariño en la cultura latinoamericana.

En general, el término «viejo» siempre conlleva «deterioro»: un coche viejo siempre está en el taller, un paraguas viejo no se abre bien, un reloj viejo es normal que se atrase... Al hablar en general de la gente mayor, grupo en el cual hay ciudadanos que se encuentran absolutamente sanos, yo prefiero utilizar la palabra «séniores», una expresión algo más imparcial que, de manera directa, no implica avería o desperfecto.

Igualmente, el lector también podrá comprobar a lo largo de estas páginas que las últimas líneas de cada capítulo las escribo en cursiva, ya que actúan en forma de pequeños resúmenes de lo dicho en el mismo.

Finalmente, quisiera pedir a este numeroso grupo de ancianos afortunados que, como ya he dicho anteriormente, aún no posee denominación específica y se mueve por este mundo a sus anchas, haciendo múltiples cosas con tenacidad y alegría, viajando y sintiendo cierto enojo cuando alguien les cede su asiento en el autobús, que jamás se olvide de los otros: de todos aquellos que, con distinta suerte, hoy sufren tristes enfermedades que les impiden vivir con un mínimo de alegría; mañana mismo, y sin previo aviso, podemos pasar a engrosar este colectivo.

Antes de terminar estas líneas me gustaría reiterar algo muy importante. La razón de que este libro atienda básicamente a los ancianos sanos es muy clara: yo solo estoy capacitado para recomendar cosas a los que, como yo, aún tenemos la suficiente salud para disfrutar plenamente de esta vida, consejos que, simplemente, proceden de mi sentido común y de mi larga experiencia. Al no tener ninguna preparación científica, no me encuentro en condiciones de poder ayudar a esas otras personas mayores con menos suerte, lo cual no significa que los ignore; al contrario, pienso mucho en ellos porque los tengo muy cerca (dos de mis seres queridos están en este grupo).

Termino esta introducción con las palabras que empleó en su día la escritora Ana María Matute para explicar de manera magistral cómo nos vamos acercando a la vejez:

No se amanece viejo un día cualquiera. Se va uno hacia la vejez despacio, sin apenas sentirlo, sin saberlo, sin edad concreta. Es un deterioro lento, insidioso, pero imparable. Sin remedio alguno. Y no hay un día fijo en que empiece la vejez. Los hay quienes se pasan media vida previéndola, ahorran-

do para cuando llegue... y para qué. La vejez no se puede prever, como tampoco se puede prever la devaluación de la moneda, y debe aceptarse como y cuando viene.

Capítulo 1

ENNOBLECER A LOS ANCIANOS

Muchos de nosotros tenemos tendencia a generalizar en demasía. Los ejemplos son múltiples: los catalanes son gente avara; en Londres siempre llueve; París, la *Ville Lumière* (la Ciudad de la Luz); los japoneses siempre trabajan; los andaluces son graciosos... Estas aseveraciones no son más que chascarrillos, o lo que es lo mismo, frases breves y divertidas, aunque muchas de ellas equívocas. Mi admirado y ya desaparecido amigo Luis Racionero, que, además de ser un gran escritor fue director del Colegio de España en París y vivió infinidad de días lluviosos en la ciudad del Sena, nunca alabó precisamente su luz, y supo explicar el porqué de aquel dicho. Por lo visto, París fue la primera ciudad que instaló en sus calles lámparas de aceite para iluminarla de noche (en el siglo XVII).

En la misma línea, con estas frases hechas, afirmar que la vejez es un coñazo constituye otra inexactitud...

En numerosas partes del mundo aún prevalece la idea de que la ancianidad es una edad infeliz, la etapa de los cuidados y de los tratamientos médicos, es decir, septuagenarios, octogenarios y nonagenarios llenos de achaques, drásticamente disminuidos y con una progresiva pérdida de curiosidad y de admiración por las novedades y adelantos, propensos a ser desconfiados y extremadamente cautos, temerosos de la penuria económica, que viven atemorizados por el posible abandono de los suyos, que se refugian en la rutina y en los hábitos que les proporcionan seguridad... El desacierto de estas manifestaciones surge en el momento en que se pone a todos los ancianos en el mismo saco, o lo que es igual, cuando no se contemplan sus infinitas diferencias. Por lo tanto, ha llegado el momento de explicar con claridad los distintos y verdaderos significados de la ancianidad y replantearse de nuevo los modelos de asistencia para este colectivo, cada día más numeroso.

Determinar una fecha a partir de la cual los seres humanos deben ser considerados globalmente de un determinado modo es un error garrafal que atenta contra la inteligencia; y, hablar en general sobre la vejez de manera desgarradora o en tono patético e insustancial (como si todos los que militamos en ella fuéramos iguales), me parece preocupante. Está demostrado científicamente que hay una marcada variabilidad en la forma de envejecer, tanto en el aspecto psicológico como en el físico. Cada anciano es un mundo, por lo cual no se puede pasar por alto su singularidad: su nivel intelectual, de ingresos, su género, sus enfermedades, sus talentos... Además, las tipologías del carácter general (seriedad, simpatía...) llegan intactas a la ancianidad; los que han sido sensibles y generosos alcanzan la vejez de igual modo, y lo mismo pasa con los que han sido desaboridos, el tiempo no les dulcifica el carácter. Por todo ello, me parece aterrador leer en textos científicos declaraciones de personas versadas en la materia que dicen cosas como: «En general, envejecer es un proceso dinámico que nos iguala a todos, independientemente del sexo y de la capacidad económica, incluyendo situaciones sociales o culturales».

Los séniores se podrían subdividir en dos grupos. En uno se inscribirían aquellos que, con independencia de las dificultades físicas habituales (dentaduras averiadas, inicios de sordera, problemas de visión, manchas en la piel, próstatas más grandes de la cuenta, complicaciones de mamas...), aún tienen ganas de realizar proyectos y continúan en un estado de salud aceptable; personas que sienten una placidez especial al levantarse temprano por la mañana y constatar que existen. En el otro se congregarían todos los demás: aquellos que sufren enfermedades muy tristes y complicadas (alzhéimer, párkinson...) y que necesitan ayuda al haber disminuido su capacidad mental y física. Por supuesto, ambos conjuntos serán susceptibles de las correspondientes subdivisiones.

Según avanzan los años, la experiencia y el equilibrio de los que se encuentran en buenas condiciones van ganando peso, y nuestra visión del mundo se va perfeccionando, cada día que pasa lo conocemos mejor, sabemos muy bien que estamos hechos para disfrutar y padecer y, finalmente, para morir. Somos un colectivo que comprende muy bien que, a trompicones, vamos perdiendo algo de memoria, la agilidad disminuye y andamos encorvados; la torre de Pisa también se encuentra inclinada y, pese a ello, continúa imperturbable gracias a la atención arquitectónica pertinente. En este grupo hay personas muy bien preparadas y con mucha experiencia que, como asesores temporales en los consejos de administración de empresas, hospitales, entidades bancarias, organismos públicos y privados... podrían ayudar dando sus opiniones imparciales, sensatas, inteligentes y objetivas.

Hace muy poco, al sufrir de manera muy directa un colosal desbarajuste en el departamento de urgencias de un famoso hospital de mi ciudad, pensé que a dicha institución médica (seguramente, dirigida por gestores muy brillantes en materias específicas) le iría muy bien escuchar las opiniones de algunos de estos séniores; ellos han vivido mucho y son sabios en temas de índole general.

Las sociedades que están dispuestas a entender y aceptar la verdadera realidad de sus séniores, con sus infinitos matices y diferencias, serán las únicas capaces de alcanzar un mejor futuro. Las que descartan a sus miembros más longevos pierden humanidad y sabiduría, y las raíces que les permiten crecer dignamente se van deteriorando. Para que nuestra civilización evolucione positivamente, ennoblecer a los ancianos es crucial.

Capítulo 2

EL VALOR DE LA DIFERENCIA

El odio al extranjero (persona distinta por diversas causas: color de piel, idioma, nacionalidad...) puede manifestarse desde el simple rechazo hasta las agresiones diversas. No obstante, cuando el foráneo en cuestión juega en nuestro equipo, haciendo valer con ardor los colores que defendemos, entonces es ovacionado. La sociedad es así de contradictoria: en cualquier momento puede insultar a un deportista de color del equipo contrario porque nos ha marcado un gol y, al mismo tiempo, aplaudir a rabiar a los jugadores de la misma raza que militan en nuestro club. Con los ancianos pasa algo similar, los jóvenes abrazan con muchísimo cariño a sus abuelos a través del amor que les profesan y, a su vez, pueden ningunear a los *silvers* que no conocen de nada.

En su día, el cómico Beppe Grillo, fundador en Italia del Movimiento 5 Estrellas, publicó en su blog que los ancianos no deberían votar en su país porque sus intereses pueden ir en contra de los jóvenes. Esta barbaridad —que lógicamente no prosperó— es un claro ejemplo de que la humanidad tiene tendencia a venerar a los poderosos: al más rico del pueblo, porque nos puede dar trabajo o invitar a nuestros hijos a bañarse en su piscina; a su alcalde, porque nos puede favorecer en algo; al jefe de la empresa, porque tiene potestad para subirnos el sueldo... No obstante, a los indefensos (pobres, enfermos, inmigrantes, niños y ancianos), que los zurzan. Soy consciente de que hay numerosos ciudadanos y múltiples ONG que realizan actividades de interés social que combaten esas inercias, pero en las sociedades actuales los extranjeros, los diferentes y los más débiles son los que peor lo pasan.

Con el tiempo he llegado a la conclusión de que el ser humano, en general, se encuentra más cómodo en los contextos donde las cosas son homogéneas. Sociedades en las que el color de la piel es muy similar, ambientes en que la religión es la misma, entornos en los cuales hay muchos niños y los ancianos son muy pocos, colectivos donde las diferencias entre izquierdas y derechas son mínimas (antiguos bipartidismos) y así sucesivamente. Esta tendencia, que podríamos considerar «biológica», ya no tiene trayecto alguno: hoy nos hallamos inmersos en un mundo muy plural donde los adelantos farmacológicos y de todo tipo están alargando nuestras vidas, donde los ancianos somos numerosos, las banderas multicolores de los LGBTIQA+ son aceptadas por una gran mayoría de los ciudadanos, donde se intensifica la llegada de pateras cada día y los partidos políticos proliferan sin cesar.

Durante mi vida, he conocido numerosos países, e incluso tengo buenos amigos en algunos de ellos; al final, y después de constatar las considerables diferencias que existen entre nosotros, estoy seguro de que, en cada uno de aquellos lugares tan diversos, amor, maldad, envidia, generosidad, talento y demás virtudes y defectos, también florecen. Aquel refrán que reza «en todos los lugares se cuecen habas» es absolutamente cierto. Pues bien, aprovecho la ocasión para decir que los que piensan que su tribu es la mejor cometen un craso error. Como digo, las tribus siempre son muy diversas y distintas, cada una de ellas posee múltiples peculiaridades que la diferencian de las otras, el que piense que la propia es la mejor se equivoca: la suya es, simplemente, aquella en la que se siente más cómodo y feliz.

De una vez por todas, tendría que quedar claro que las personas mayores tenemos muchísimas cosas en común: no sabemos dónde hemos dejado las llaves, andamos más despacio que antes, nuestra capacidad auditiva va disminuyendo, usamos muchas veces la frase «a mí me pasó lo mismo» (pues con ella, cuando alguien nos cuenta alguna anécdota de su vida, desviamos la conversación para hablar de la nuestra), todos tomamos varias pastillas al día, una gran mayoría estamos jubilados, algunos viven en residencias... Pero todos, sin distinción, somos heterogéneos, al igual que lo son los niños de las guarderías, los alumnos de institutos y universidades o los coches que circulan por las redes viarias.

Cada uno de nosotros envejece de formas muy diversas. Deberíamos reconocer, por tanto, que todos somos diferentes; por eso, cuando llegan las inevitables enfermedades (algunas de ellas muy penosas), unos reaccionan con equilibrio y otros lo hacen con tristeza y cierto enojo. Frente a la muerte (capítulo 28) también reaccionamos de formas muy distintas.

Entiendo muy bien que en algún rincón de nuestra estructura genética habita la aversión al diferente y, por eso, instintivamente, buscamos abrigo en quienes son análogos a nosotros, pero la evolución de las mejores sociedades —las que acaban siendo las más prósperas— siempre ha seguido otro camino: la creencia de que el valor de una persona y sus derechos no dependen de su lugar de procedencia. Caminar hacia una cultura de la solidaridad entre pueblos, clases y edades, intentando así reconocer el valor de la diferencia, es una de las mejores garantías para que nuestro mundo se desarrolle de manera adecuada.

Yo amo estas sociedades democráticas tan complejas y versátiles. Vivir en ellas tiene grandes ventajas; hoy en día, solo hace falta comparar cómo se ha tratado en nuestro ámbito el tema de la COVID-19 y de qué manera lo está conformando China: una sociedad no democrática donde el color de la piel y los rostros de sus ciudadanos son muy similares.

Capítulo 3

VEJEZ Y LIBERTAD

La libertad es lo mejor de la vejez, así lo llevo diciendo hace años.

El equilibrio que se consigue durante esta época, si, además, ya no existe ningún problema económico, implica una libertad de acción difícilmente alcanzable en otras etapas. Los ejemplos que ponen de manifiesto nuestra libertad son infinitos; en este capítulo expondré unos pocos.

Desde muy pequeños, el desarrollo de nuestra existencia siempre ha estado sometido a rígidas disciplinas. Al principio de la vida tienes que hacer infinidad de cosas que no te apetecen: ir a clases particulares de latín los sábados por la tarde, confesarte cada semana o visitar un montón de iglesias por Semana Santa. Tanto en nuestro hogar como en la escuela primaria, o después en el instituto y en la universidad, las semanas transcurrían siguiendo una programación específica y, más tarde, sucedía lo mismo en el trabajo.

Para cumplir puntualmente con esas actividades, en muchas ocasiones teníamos que correr para alcanzar determinado metro, tranvía o tren. Pasados algunos años, cuando nos incorporamos a la vida laboral, en ciertos puestos debíamos obedecer a personas insignificantes y obtusas. Durante la ancianidad, sin embargo, tales situaciones desaparecen. Desde esa absoluta libertad, recordamos con exactitud las reglas que regían en otras épocas: la infancia y adolescencia controlada por padres, abuelos y curas; después, al iniciar nuestro primer trabajo, jefes y horarios marcaban nuestros pasos; y, más adelante, al volver a vivir en grupo, al configurar nuestra segunda familia, comienzan un sinfín de responsabilidades nuevas (oposiciones, ganar dinero, etcétera). En resumen, una gran parte de la vida de los seres humanos está sometida a múltiples normas y obligaciones. Pero cuando llega la vejez, la mayoría de esos compromisos y rutinas desaparecen, y podemos disfrutar de una libertad casi absoluta.

De entre las numerosas prerrogativas que acompañan a la ancianidad hay tres que, simplemente, me entusiasman. La primera es que podemos manifestar en cualquier lugar cuáles son nuestras ideas al respecto de los más diversos y delicados temas, y lo hacemos siguiendo el consejo del nobel Friedrich Hayek: «Hablar alto, fuerte y sin miedo». La segunda tiene que ver con la posibilidad de elegir cómo lidiar con el futuro, es decir, somos totalmente libres para decidir a qué dedicarnos. Unos acudirán a una obra cercana (un edificio en construcción) para observar el quehacer de albañiles y demás operarios, y otros asistirán como alumnos a sus clases en la universidad, ya que han elegido estudiar una carrera. El tercer privilegio que atesora la edad avanzada es que una gran mayoría no nos avergonzamos de las marcas que el tiempo va dejando en rostros y siluetas; hemos aprendido a convivir con esa realidad y la aceptamos tal y como es. Esta inmensa autonomía de los ancianos, es decir, nuestra libertad, junto con su enorme experiencia (véase el capítulo 9) sirven para desagraviar algunos de los inconvenientes que la longevidad conlleva.

Esta absoluta libertad siempre va aparejada de un conocimiento exacto de nuestra propia identidad. Ya lo dijo hace varios siglos Michel de Montaigne (capítulo 11): «La verdadera libertad consiste en el pleno dominio de uno mismo».

Durante la vejez, hacemos en todo momento lo que más nos apetece y, con educación y respeto, podemos manifestarnos tal y como somos. Para mí, esta es su mejor cualidad: su infinita libertad.

Capítulo 4

¿SOMOS MUCHOS LOS MAYORES?

España es el segundo país de la UE que más ha envejecido en la última década. No hace demasiado, allá por el año 2021, los nacimientos en Cataluña (mujeres y varones) ascendían a 57.704, un guarismo que sitúa la natalidad catalana en mínimos alarmantes. En las sociedades donde nacen pocos niños y la esperanza de vida es muy alta se produce una consecuencia inmediata, a saber, gran parte de la población queda conformada por personas mayores de edad. Dicho esto, ya podemos dar respuesta a la pregunta que encabeza el capítulo: «Sí, en España los mayores somos muchos».

Nuestra pirámide de edad se parece cada vez más a una seta (base estrecha y la cumbre cada vez más ancha), por lo tanto, los países con gran número de ancianos deberán establecer sus prioridades de forma muy distinta. En España la esperanza de vida alcanzará los 84,8 años de media en el año 2030. Por lo visto, nuestra especie (el *Homo sapiens sapiens*) ostenta ese privilegio: somos criaturas longevas; los orangutanes a lo máximo que llegan son a los cincuenta y ocho años, los gorilas alcanzan los cincuenta y cuatro y los chimpancés superan con dificultad los cincuenta y tres.

El ecosistema social que habitamos envejece día tras día, una evolución sociodemográfica muy similar a la de los países más desarrollados del mundo. En ellos, los niveles de fecundidad y mortalidad son muy bajos; no hay analfabetismo y, en una gran mayoría, la cobertura médica es gratuita. En Cuba, que es un país singular, sucede algo parecido: es una nación envejecida. Los exiguos niveles de fecundidad, junto a cotas de mortalidad también muy bajas, son las causas fundamentales de ello. Después de dicha aclaración, la consiguiente pregunta sería: ¿qué es lo que conlleva este hecho? Sin lugar a dudas, el inconveniente es múltiple, ya que es económico y social:

1. Muchos mayores están enfermos y, por lo tanto, la demanda de recursos sanitarios en residencias, hospitales y centros de salud crece sin cesar.

2. Numerosas escuelas tendrán que cerrar por falta de alumnado.

3. Los programas políticos cambiarán, ya que una población envejecida necesitará que los gobiernos planifiquen múltiples transformaciones. El fenómeno de la inmigración, utilizado muy frecuentemente de manera distorsionada, está dando respuesta a que la natalidad no se desplome de forma tan drástica y, además, ayuda a solventar problemas de desempleo. Los movimientos migratorios han sido una constante en la historia de la humanidad; por eso no hay razas selectas. No estaría de más imitar la política de inmigración de Canadá, que controla a la perfección el ritmo de crecimiento demográfico y económico, y recordar también lo que, en su día, dijo el filósofo alemán Jürgen Habermas: «La Europa del futuro tendrá que contar con "el otro", aunque sea diferente».

Lo dicho, con pocos niños y tantos ancianos, el «viejo continente» tendrá que transformar sus prioridades. En este tema, Europa tiene que abrir los ojos y buscar soluciones para que el logro de una esperanza de vida mayor no sea un problema para la sociedad, sino más bien una oportunidad para seguir activos. Las personas mayores de sesenta y cinco años representarán el 21 por ciento de la humanidad en el año 2050. Espero y deseo que los que aún permanezcan en este mundo en aquella fecha puedan comprobar que ese espectacular aumento de la esperanza de vida también va de la mano de una mejor calidad.

Es un error manifiesto vincular hoy en día a los ancianos con discapacidad, pasividad o desapego social y laboral. Esta idea, alimentada durante mucho tiempo (capítulo 1), va perdiendo fuerza en la actualidad, pues comienza a visibilizarse que las personas mayores que aún gozan de buena salud ejercen a la perfección como sujetos activos en el quehacer social. Y será positivo tratarlos como una generación histórica, con plenitud de derechos y acceso a la participación ciudadana. Si la sociedad sabe sacar provecho de ellos, los adultos pueden envejecer con mayor calidad de vida.

Después de leer un montón de estadísticas y artículos, y escuchar a muchos médicos y especialistas en envejecimiento, es muy fácil llegar a la conclusión de que el futuro de la humanidad es sénior: seremos la nueva mayoría. Así, aprovechando debidamente la sabiduría y experiencia de muchísimos ancianos, podremos incorporarlos al sistema laboral y productivo.

Son numerosos los demógrafos internacionales de prestigio contrastado que opinan que, en un futuro cercano, vamos a ser menos, más viejos y también algo más pobres.

Capítulo 5

ALTERNATIVAS

La duración del último capítulo de nuestra vida es una incógnita, pero con los adelantos médicos actuales y las estadísticas en la mano es fácil suponer que puede ser muy largo. Por eso insisto en que las alternativas para llenar ese tiempo pasan por proyectar con ilusión nuevos objetivos y, sobre todo, recordar lo ya vivido en otras épocas sin ningún tipo de frustración.

Cumplir años conlleva asumir que hay muchas cosas que ya no podremos seguir haciendo, y aceptar con serenidad esos reveses es la clave de la felicidad. Por lo tanto, al llegar la vejez es fundamental conquistar aventuras nuevas, de esta manera compensaremos las que durante años fueron hegemónicas en el pasado y ahora ya no podemos ejercer debidamente. Hemos de entender de manera definitiva que envejecer no es tanto una cuestión de edad como de deterioro, por eso recalco con insistencia que lo más importante al llegar a esta etapa, en la cual ya no nos divierte cualquier cosa, es intentar desplegar proyectos que nos apasionen.

He leído algunos libros cuyos autores manifiestan que durante la vejez las alternativas se estrechan, que planear nuevos caminos es más difícil que durante la juventud, y tengo que decir que no comparto esta interpretación. Lo que sucede es que los que escriben eso olvidan que, cuando somos jóvenes, de la misa nos enteramos solo de la mitad. Sin embargo, de mayores, apreciamos muy bien todas y cada una de las numerosas opciones que se nos presentan. Durante la mocedad, de las variadas posibilidades que nos ofrece la vida solo nos percatamos de la existencia de unas pocas: las que nos seducen. De los veinte a los veintidós años (1958-1960), cuando residí como estudiante en la ciudad de Boston (capítulo 23), mis amigos y yo nos divertíamos con tan solo unas cuantas cosas. Los museos de aquella ciudad, la historia urbanística, Acorn Street en el barrio Beacon Hill, el inmenso río que la cruzaba (el Charles), aquellas asombrosas puestas de sol y el resto de sus encantos nos traían sin cuidado, pasábamos olímpicamente de todos estos temas interesantes. Nuestras vocaciones eran pocas y muy específicas: el amor y la música. Y los escenarios en los que se desarrollaban estas dos inclinaciones eran escasos: el conservatorio y su cafetería, donde pasábamos largas horas conversando; unas cuantas calles y un par de avenidas; el Symphony Hall (la gran sala de conciertos bostoniana); un restaurante italiano que servía espaguetis a buen precio y, por supuesto, nuestros apartamentos (donde celebrábamos aquellos divertidos guateques).

Muchísimos séniores entendemos que, a buen seguro, nuestras capacidades físicas y cognitivas decaerán si permanecemos estáticos; por ello, mantenemos los ojos bien abiertos a todas las posibles elecciones que se nos presentan, porque sabemos que llenar de contenidos el último capítulo de la existencia es básico; así, además de mantenernos con vida, también «viviremos».

Mostrar interés por temas diversos o soñar es fundamental en todas las épocas, pero durante la ancianidad aún se hace más imperioso. En definitiva, los longevos activos somos los protagonistas de una nueva era: un escenario social que se ha ido constituyendo con fuerza durante los primeros años del siglo XXI.

A veces, alcanzar el éxito desarrollando nuestra verdadera vocación resulta difícil y complicado, pese a ello, debemos perseverar. Es fundamental que aquello a lo que nos dediquemos (cultura, deporte, música...) sea lo que percibamos como más valioso. De esta manera, consagrando el tiempo a lo que más nos agrada, no solo alcanzaremos la felicidad plena, sino que, además, la contagiaremos a los que viven alrededor. Siempre he defendido la idea de que cuanta más preparación intelectual posea un individuo, mejor sabrá manejar el devenir de esta época. Séneca (Córdoba, 4 a. C. – Roma, 65 d. C.) como después Henry Ford (1863-1947) ya mencionaron este asunto. El primero, en una de sus cartas a Lucilio, refiriéndose a aquel que, preguntado por la utilidad de estudiar en su extrema vejez, alegó: «Para partir mejor y más contento»; y, el empresario estadounidense, después, dejó clara su opinión con esta frase: «Cualquier persona que deja de aprender se vuelve viejo, ya sea a los veinte o a los ochenta. Cualquier persona que sigue aprendiendo se mantiene joven».

Los que llegan a la jubilación (sesenta y cinco años) y ya no pueden ejercer sus profesiones (mineros, policías, camioneros, bomberos, albañiles...) tendrán que hacer las probaturas que hagan falta, con las herramientas que la vejez nos ofrece, con el objetivo de descubrir nuevos cometidos para el futuro. Y cuando alguien elija ese camino distinto que podría dar un soplo de aire fresco a su nueva vida, más que buscar una felicidad inmediata es preciso indagar en qué consiste lo que más le gusta hacer a uno. Respecto a lo de buscar diferentes cometidos, tengo la impresión de que las mujeres —y también los hombres polifacéticos como yo— lo tenemos más fácil. Esa frecuente multiidentidad que presentan ellas al haber sido madres, amas de casa, empleadas y un largo etcétera les permite en general dedicarse a nuevas labores con más facilidad que a los hombres, muchos de los cuales han vinculado su identidad durante toda la vida a una sola profesión (médico, arquitecto, veterinario...).

Lo dicho hasta aquí ha de ir acompañado de un perfecto conocimiento de la realidad: los séniores somos gente mayor y la sociedad aún no nos tiene debidamente ubicados, por lo tanto, el éxito a la hora de afrontar nuevos proyectos dependerá exclusivamente de nuestro interés, dedicación y habilidad. Estoy hablando de trabajos no remunerados, o lo que es lo mismo, tareas y *hobbies* que nos gusta practicar porque nos hacen felices. Yo, tocando el piano en mi hogar barcelonés; mi amigo Ramón, en Cartaya, diseñando objetos de madera; en Gijón, Eduardo Rodríguez (el padre de mi amigo Rafa), cortando con su cúter piezas de plástico que, después de ribetear, vende en las ferreterías para cubrir los tendederos del norte de España; Alfredo (que ya sobrepasa los noventa años), fabricando cubiertos de madera (cucharas, tenedores y cuchillos) en un pueblecito de Cantabria... En definitiva, séniores que tenemos la suerte de poder vivir la vejez que vale la pena.

Después de la jubilación, intentar buscar labores gratificadas es algo complicado; en este terreno los mayores lo tenemos difícil. Seguramente, entre los pocos caminos a seguir en relación con trabajos remunerados, encontramos el de la enseñanza o la asistencia, además de un sinfín de actividades artísticas. Hay muchos ancianos que podrían dar clases particulares (historia, geometría, matemáticas, geografía, carpintería...) con muchísima más destreza que cualquier joven, y también podrían proporcionar compañía a otros séniores que la necesitan porque se encuentran solos.

Vivir una buena vejez solo es posible si sabemos llenarla de nuevas alternativas. Hacerlo no nos resultará nada difícil, porque nuestro instinto de conservación permanece intacto y hemos llegado a este capítulo de la vida con mucha experiencia.

Capítulo 6

VEJEZ Y MUNDO AGRARIO

Muchos *silvers* cuyas vidas han transcurrido en ambientes agrícolas han sabido descubrir nuevos horizontes a través de otros métodos. Una gran mayoría de estos ciudadanos que viven en pueblecitos alejados del mundanal ruido poseen alguna parcelita en el campo donde pueden cultivar tomates, lechugas, sandías y otros manjares; viandas que se intercambian después con los amigos. Normalmente, esto acontece en los bares del pueblo; así, los tomates que surgen de la parcela de uno se canjean por melones o patatas, que son lo que cultiva el compañero en la suya. Pongo este ejemplo agrario con ánimo de demostrar que los resortes para vivir la vejez de manera que valga la pena son numerosos y muy variados.

En el suroeste de España, en Cartaya (un atractivo pueblo de la provincia de Huelva que conozco muy bien), tengo un amigo íntimo, Ramón Pérez; allí le apodan «el maestro albañil». Lo conocí hace muchísimos años y, desde entonces, nuestra amistad ha ido creciendo sin cesar. Ramón dejó el colegio a los catorce años y enseguida empezó a trabajar en la construcción, por lo que los institutos y las universidades nada tienen que ver con él; sin embargo, su colosal inteligencia y su talento artístico lo convirtieron en el mejor albañil de su pueblo. Ramón está al tanto de cómo manejar el tiempo y la edad. Por eso, no solo cultiva flores y frutos en su parcela agrícola, sino que, además, diseña y construye dentro de su almacén pequeños objetos de madera (bandejas, joyeros...) que, pintados de color blanco, son verdaderas delicias. Al verlos cada verano, siempre pienso lo mismo: en la tienda de regalos del MoMA en Nueva York, concretamente en el número 44 de la calle Cincuenta y tres (entre la Quinta y Sexta Avenidas), allí se podrían vender a muy buen precio.

En Cartaya, Ramón, Alejandro y algunos otros, después de jubilarse, han sabido encontrar nuevos objetivos, están demostrando que la cultura procedente de los libros y las aulas de institutos, universidades y conservatorios no es el único vehículo para manejar sabiamente la vejez; hay muchos otros medios y, sin duda alguna, todos ellos procedentes de la bondad, el talento y la imaginación. Ahondando sobre estos dos distintos métodos a los que acabo de referirme para poder manejar positivamente esta época de la vida, me gustaría aclarar que los ancianos que hemos nacido y crecido en una gran ciudad estamos algo más solos que los que viven en pequeños pueblos. Los habitantes de lugares como Cartaya se ven más a menudo y, por lo tanto, la amistad y la generosidad recíproca para responder a las necesidades de los demás se practican algo más que en las grandes urbes.

El declive de las relaciones sociales afecta especialmente a los ancianos, que con el avance de la edad y la aparición de la fragilidad física y cognitiva ven disminuir el número de personas en las que pueden confiar para hacer frente a sus problemas. Por eso, en la gran ciudad, donde solo vemos tomates, lechugas y sandías en los supermercados, la soledad se hace más evidente. Y es entonces cuando, los que aún tenemos buena salud, necesitamos libros, pinceles, ordenadores, pianos, guitarras y demás artilugios, para así continuar viviendo de manera que valga la pena. Sean las que sean las actividades que hemos elegido libremente con ánimo de ser felices durante la ancianidad (estudiar una carrera universitaria, cultivar cebollas, diseñar objetos de madera, jugar a la petanca, tocar el piano, escribir, ver la evolución de las obras de arquitectura de nuestro barrio...), lo importante es que nos ayudarán a encontrar la paz interior.

En la actualidad, mi vida transcurre en estos dos entrañables lugares. En Barcelona vivo diez meses y en Cartaya dos; un mar y un océano (Mediterráneo y

Atlántico) que, respectivamente, me han servido de laboratorios para llegar a las conclusiones anteriores.

Capítulo 7

MANTENERSE EN ACTIVO

Hace algunos meses, en una reunión comunitaria entre vecinos de un edificio de la plaza Joaquim Folguera de Barcelona, tuve que dar explicaciones como arquitecto responsable de la rehabilitación de su fachada, en relación con el coste de unas obras imprevistas. En varios dinteles de algunas de las ventanas del edificio se descubrieron unas patologías cuyas consecuencias —si no se operaba adecuadamente y de inmediato— podrían haber provocado accidentes irreparables, por lo tanto, decidí —bajo mi absoluta responsabilidad— dar las órdenes oportunas para subsanarlas; hecho que, obviamente, generó un importante gasto extra. Pues bien, al exponer en dicha reunión los detalles de lo sucedido, uno de los allí presentes, precisamente de profesión arquitecto, pareció no comprender la importancia de lo sucedido, ya que me hizo repetir varias veces los porqués de las medidas que hube de disponer. Sus reiteradas objeciones me sorprendieron de tal forma que no pude evitar formularle una pregunta: «Perdona, ¿estás en activo?». Ahora, desde la más absoluta serenidad, reconozco que hubiera podido evitarla, sin embargo, en aquel momento quise poner de manifiesto delante de los demás comunitarios su absoluta ignorancia sobre temas básicos de construcción que cualquier albañil de grado medio domina de manera absoluta. Para acabar de entender lo que estoy exponiendo, pondré un ejemplo que viví de manera directa y ahora viene como anillo al dedo. En una de mis visitas periódicas al consultorio del profesor Rozman para efectuar una revisión rutinaria, algo que solía hacer durante el mes de junio de cada año, el mencionado facultativo me explicó, antes de despedirnos, en qué consistían algunas de sus otras actividades del momento. Me quedé perplejo, y me atreví a preguntarle si no le cansaba tanto trajín. Su contestación fue fulminante: «Jordi, el día que deje de estudiar para estar al día cerraré el consultorio». El profesor Rozman sabía muy bien que «estar en activo» en el mundo de la medicina implica estudiar y esforzarse en todo aquello que haga falta para que sus conocimientos no queden obsoletos. El caso de este insigne doctor tendría que servir de ejemplo; sin embargo, un arquitecto que dice estar «en activo» y asevera en público que al usar tacos metálicos para fijar las piezas de piedra artificial de nuestras fachadas que se van desprendiendo se puede dañar la estructura del edificio es ciertamente alarmante.

Cuando nos referimos a arquitectos y médicos en activo, estamos hablando de algo especial. Ejercer esas dos disciplinas (aunque en otras sucede lo mismo) conlleva el deber ineludible de poseer unos conocimientos específicos, además de unas responsabilidades determinadas. La postura del profesor Rozman es la correcta. Los que ejercen la medicina y la arquitectura, profesiones vinculadas a la salud y el bienestar público, tienen que estar al día y hallarse al corriente de todas las innovaciones relacionadas con su actividad. Otra cosa es la labor que desempeña Ramón Pérez (capítulo 6) diseñando y construyendo pequeños objetos de madera. Ramón es un ciudadano jubilado en activo sin ninguna responsabilidad, simplemente trabaja de forma libre en lo que le gusta. En general, y así se ha de interpretar al leer este apartado, consideramos que están en activo todas aquellas personas que trabajan en algo, es decir, que continúan haciendo cosas incluso cuando pierden su empleo al jubilarse (capítulo 5).

Las sociedades actuales, inmersas en ritmos frenéticos en la búsqueda del confort, seguridad y prosperidad para los ciudadanos —en definitiva, intentando avanzar—, homogenizan a los ancianos; consideran que todos ellos, al no encontrarse en activo desde la perspectiva laboral, ya no se encuentran al día en ninguna materia. Mi opinión al respecto es otra, y subyace de manera reiterada en la mayoría de los capítulos de este libro. El error consiste en hablar en general de los séniores como un conjunto homogéneo cuando las diferencias entre nosotros jamás desaparecen. Al contrario, cada día que pasa surgen nuevas. Este hecho posee cierta lógica: los seres humanos evolucionamos de manera constante, y solo dejamos de hacerlo cuando, desafortunadamente, nuestro corazón cesa de latir.

Una cosa son las ancianas barrigas, rosas y bronceadas de algunos turistas de Benidorm (y otros millones de pueblos costeros del mundo soleado) que declaran que ya no les apetece hacer nada productivo, y otra muy diferente son las personas mayores, también con barrigas ancianas, que continúan investigando, estudiando, escribiendo, rehabilitando y diseñando edificios, impartiendo conferencias, dando conciertos o clases en universidades, médicos que abren puntualmente sus consultas cada tarde o bien maestros albañiles construyendo bellos objetos de madera. En definitiva, personas que, de verdad, continúan estando «en activo».

Capítulo 8

TIEMPO E INFORMACIÓN

En cada una de las diferentes épocas de mi existencia el modo en que se ha manifestado el tiempo ha sido distinto. En la actualidad, los veraneos de mi infancia y adolescencia asoman a mi mente como interminables. Los meses de julio, agosto y septiembre de aquella época, que juntos sumaban noventa y dos días, se me antojaban interminables. Al llegar a la vejez y descubrir detalles que antes no alcanzábamos a comprender, volví a recuperar momentáneamente aquel tiempo maravilloso y holgado de la juventud. Supongo que la aparición de nuevos sucesos es la causa fundamental de que el discurrir de la vida parezca que se agranda. Una jornada cualquiera de la existencia de un sénior ilusionado aparenta durar más que veinticuatro horas. Más adelante, cuando me acostumbré a vivir como un octogenario, el tiempo volvió a transcurrir a gran velocidad. Sobre este tema no tengo ninguna duda: las novedades ralentizan el tiempo; por eso los veraneos de la niñez nos parecían eternos, cada día llegaban a nuestra mente docenas de estímulos nuevos y, después, cuando de adolescentes visitamos Londres por primera vez un par de días, ocurría lo mismo: aquellas inéditas y apoteósicas imágenes multiplicaban el tiempo, y teníamos la impresión de que habíamos estado allí muchas más jornadas. Henri Bergson (filósofo y escritor francés ganador del Premio Nobel de Literatura en 1927) está de acuerdo con eso, en su día nos hizo ver que el fin de semana que pasamos en un pueblo o ciudad lejana y desconocida, haciendo y viendo cosas muy distintas a las cotidianas, nos ha parecido más largo de lo que solemos percibir como un par de días normales. Sin embargo, cuando en nuestro quehacer cotidiano se imponen las rutinas (que quiere decir que no ocurre nada nuevo), el tiempo se reduce, pasa volando, se nos va de las manos. De igual manera, confirmamos que san Agustín tenía toda la razón al considerar enigmática su naturaleza, debido a lo cual intuimos que el tiempo está en nuestra cabeza y nos ayuda a percibir y ordenar las vivencias. No obstante, y con independencia de cómo apreciemos su paso, o cómo interpretemos su velocidad, todos coincidimos en que la dirección del tiempo siempre avanza hacia el futuro, y también estamos de acuerdo con Josep Pla cuando decía: «El tiempo lo destruye todo y nos destruye. Las horas vuelan. Los años no perdonan a nadie».

Con el transcurrir de los días, nuestra mente va descubriendo otros matices que poseen las cosas que nos rodean y que antes nos pasaban desapercibidos; cuando esto ocurre, el tiempo se manifiesta más largo y amplio. Al respecto de tal hecho, me gustaría contar una anécdota de mis primeros años en la Universidad de Barcelona como estudiante de Arquitectura. Cada semana, mis padres me daban una pequeña asignación para coger el metro y poder asistir a la facultad, pero yo prefería hacer aquel recorrido andando, y así tenía más dinero para comprar mis cigarrillos de la marca Bisonte. Aquellos periplos (que duraban no más de veinte minutos) siempre eran distintos, ya que escogía itinerarios diferentes cada día. Miraba escaparates, observaba a los demás transeúntes y analizaba las fachadas de los edificios que me rodeaban. Un día, después de haber escuchado disertar en clase a uno de mis profesores sobre los órdenes arquitectónicos (etrusco, dórico, jónico y corintio), advertí durante mi retorno a casa que algunos de los edificios que observaba diariamente exhibían capiteles jónicos y también dóricos en cuya presencia jamás había reparado. Entonces, al descubrir su existencia, el regreso a mi hogar se antojaba más largo. En resumen, a medida que recibimos más información, mayor sensación de que el reloj corre más lentamente, además de la evidente apertura de muchas ventanas de conocimiento que antes permanecían cerradas.

Los seres humanos contamos con una herramienta perfecta para descubrir tiempos distintos; el músico y compositor británico Thomas Adès lo explica mejor que nadie cuando dice: «Interpretando a autores de todas las épocas he podido renovar esa etérea pero poderosa máquina de viajar en el tiempo y el espacio que es la música». Por mi parte, después de tantas definiciones, reflexiones, tratados y experiencias con el tiempo no tengo más remedio que darle la razón a Marcel Proust, el gran escritor francés, cuando dijo: «Los días pueden ser iguales para un reloj, pero no para el hombre». Yo concluiría diciendo que las novedades, lo desconocido y algunos sufrimientos nos alargan el tiempo; y lo rutinario nos lo acorta. Por eso, demasiadas veces, algunas enfermedades que acompañan a la vejez hacen que esta nos parezca eterna.

Todos llegamos a la vejez con un dilatado equipaje de experiencias (capítulo 9), y cuanto más alto haya sido su nivel, mejor sabremos mantener la ilusión, la esperanza y las ganas de hacer cosas nuevas.

La calidad de nuestra ancianidad está absolutamente ligada a la vida anterior que hemos llevado. Si llegamos a ella preparados, la sabremos manejar mucho mejor.

Capítulo 9

EXPERIENCIA Y TALENTO

La experiencia es el conocimiento o habilidad que se adquiere al realizar una actividad en repetidas ocasiones (dar clases, interpretar a Scarlatti, conducir un autobús, cultivar lechugas, hacer tortillas de patatas...); por lo tanto, con el tiempo, la experiencia va en aumento. Normalmente, todos esos afortunados séniores que siguen viviendo con la cabeza clara, además de gozar de un estado mental satisfactorio que les permite estar en activo, disfrutan de su experiencia de manera grata y placentera en todo aquello que emprenden. Respecto a eso, quiero insistir en algo muy importante y que jamás deberíamos olvidar: cuanta más habilidad tengamos para realizar un trabajo específico, la experiencia adquirida siempre será de muchísima más calidad que la que pueda alcanzar otra persona menos dotada. Deberíamos aceptar este hecho con naturalidad: el talento en la materia que sea y la inteligencia en general son dos parámetros que, a cualquier edad, diferenciarán a los seres humanos.

En inglés, la palabra «talento» puede traducirse por *gift* (regalo) además de por *talent*. Lo descubrí en mi época de estudiante en Boston. Al comentarle a Genia Nemenoff (mi profesora de piano) que me había emocionado al escuchar al joven pianista ruso Vladímir Azquenantzy interpretando los estudios de Chopin, ella me dijo: *He is a very gifted boy*, una sentencia que traducida de manera literal vendría a significar que Azquenantzy era un joven al que la naturaleza había obsequiado con un gran regalo, es decir, era un chico talentoso.

Durante la vejez (época en que la envidia pierde casi toda su fuerza), el respeto a ese don (*gift*) es unánime: nos gusta apreciarlo. Da igual que sea un pianista puertorriqueño (José Ramos Santana) o uno de Gijón (Martín García), una concertista china (Yuja

Wang), un tenista de Albacete (Alcaraz) o una cantante pop catalana (Rosalía), la verdad es solo una: disfrutamos viéndolos actuar. Cada uno atesora habilidades muy distintas, por eso es tan importante que durante nuestra existencia nos dediquemos a materias con cuya práctica nos sintamos cómodos. Cuando eso ocurre, la felicidad y libertad aumentan. Ya lo dijo hace mucho tiempo el filósofo chino Confucio: «Elige un trabajo que te guste y no tendrás que trabajar ni un día de tu vida». Este tema no es baladí, diversos estudios científicos están demostrando que la vida de la gente feliz y optimista es más larga que la de los pesimistas.

En la sección de cultura de *La Vanguardia* se publicó un artículo que explicaba un hecho ciertamente único: la llamativa gesta de Ángela Álvarez, una cubana de noventa y cinco años que nació y creció en Cuba, pero que se vio obligada a emigrar a Estados Unidos junto a su familia al triunfar en su país el castrismo. El caso es que, después de numerosas peripecias y alguna que otra tragedia, esta mujer acabó limpiando una entidad bancaria de Colorado para salir adelante. Álvarez compuso su primera canción a los catorce años, pero nunca pudo desarrollar una carrera musical porque su padre se lo impidió: «Cantas para la familia, pero no para el mundo». No obstante, uno de sus nietos (músico de profesión) grabó en secreto sus canciones. Se trataba de composiciones maravillosas que un día pudo escuchar el actor Andy García y que le dejaron entusiasmado. Posteriormente, Ángela dio un concierto en el teatro Avalon de Los Ángeles y esto le abrió el camino a los Latin Grammy, premios para los que fue nominada en la categoría de «Mejor Artista Nuevo». El día 18 de noviembre de 2022, en Las Vegas, obtuvo el preciado galardón.

Al escribir sobre el talento, recuerdo con absoluta claridad a uno de mis amigos de clase en la Escuela del Mar. Una bellísima persona que, de estudiante, sin embargo, nunca se hizo notar, y que tampoco sobresalía cuando conversábamos en el recreo. Sin embargo, en el momento de ponernos a jugar al tenis de mesa los fines de semana, mi compañero era invencible. Su talento fascinaba a propios y extraños; nadie de nuestro grupo consiguió jamás ganarle un solo partido. Viendo cómo Joan Fransoy, mi amigo del Poble Sec de Barcelona, golpeaba la pelota de pimpón de mil maneras distintas, entendí que cada uno de nosotros posee algún talento especial.

Normalmente, a todo el mundo le gusta trabajar en tareas para las cuales tiene aptitudes: las cosas resultan más fáciles y divertidas cuando desarrollamos esas ocupaciones. Los que hemos tenido la suerte de ejercer oficios que nos apasionaban, y, además, estábamos dotados para poder hacerlo, hemos llegado a mayores satisfechos. Cuando ocurre así, la felicidad está asegurada.

Capítulo 10

BELLEZA Y JUVENTUD

No puedo llevarles la contraria a aquellos que asimilan la belleza humana con la juventud. Cuando leo esta evidencia, vienen a mi mente un montón de imágenes. La película *Titanic* empieza cuando su protagonista femenina (una elegante y bella mujer octogenaria) recuerda su vida amorosa a bordo de aquel inmenso buque y, naturalmente, en el momento de iniciarse la dramática travesía (Southampton-Nueva York) su rostro juvenil nada tiene que ver con el de la apertura del filme. Jane Fonda, otra gran actriz, no es tan atractiva en la actualidad como cuando la veíamos por las calles de París de la mano de Roger Vadim. Por supuesto que todo esto es cierto y los ejemplos son infinitos. Esta obviedad la vemos con claridad al comparar los rostros de determinadas personas a medida que pasa el tiempo. La creciente alopecia de Rafa Nadal se vuelve más evidente al compararlo con las sanas y espesas melenas de la mayoría de sus contrincantes (Tsitsipás, Djokovic, Thiem, Alcaraz, Rune...). Y lo mismo sucedió hace algunos años, cuando en el Viejo San Juan (Puerto Rico), se me ocurrió ir a bailar salsa a una famosa discoteca del lugar. Allí, con mis ochenta años cumplidos, rodeado de beldades juveniles que exhibían tipazos altos y delgados (la mayoría con espesas y brillantes melenas negras), mis cuatro pelos blancos y mis arrugas llamaron poderosamente la atención.

En este tipo de lugares (los propios de la juventud) es donde mejor constatamos que las morfologías que el tiempo va imponiendo no son paradigmas de lozanía. No obstante, cuando juventud y vejez se mezclan en calles, plazas, la platea de una sala de conciertos o en un autobús, junto a gentes de todas las edades, los contrastes se ven absolutamente normales. Son escenarios que ponen de manifiesto las múltiples diferencias de edades y, por encima de otras consideraciones, resaltan la dignidad humana de los semblantes de las personas mayores (esta otra cara de la vida hoy tan usual). No sé en qué revista o periódico las vi, pero recuerdo los espléndidos rostros séniores de Jan de Villeneuve (estadounidense) y Stephanie Grainger (inglesa), dos modelos de lujo fascinantes; o el torso del modelo chino Deshun Wang, que se subió a una pasarela por primera vez ya cumplidos los setenta y nueve años; tres personas mayores sumamente atractivas. La belleza de las mujeres aludidas nada tiene que ver con el deterioro, es una hermosura que recuerda los dragos canarios o los olivos mediterráneos; rostros y árboles que, cuantos más años atesoran, más nos seducen.

Me parece muy adecuado que los ancianos cuidemos de nuestra estética, sin embargo, no me parece nada lógico que las sociedades denominadas «avanzadas» se sigan empeñando en borrar lo que nos hace humanos. Es más, se me antoja una flagrante injusticia el hecho de que, en algunas profesiones (teatro, cine, televisión...), las protagonistas que están a punto de cumplir cincuenta años tengan que pasar por cirugías varias y ciertos tratamientos para alterar la realidad de sus físicos y poder así subsistir en su trabajo. Se trata de una discriminación basada en la edad (capítulo 17).

Muchas veces, y en cualquier lugar del mundo, podemos disfrutar viendo a mujeres ancianas cuyas espléndidas cabelleras grises enmarcan miradas bellas y profundas; rostros interesantes que nos gusta observar porque han desertado de tintes y maquillajes y se han convertido en símbolos de lo natural; de igual manera, cada vez son más las féminas que dejan de teñirse y exhiben su pelo blanco o gris con orgullo. Mujeres que están por la labor de crear nuevos modelos de ser mayor y parecerlo: *silvers* que no dedican ni un segundo a disimular su edad. En el cine, en la calle (que también es un espléndido teatro), nos gusta admirar la juvenil y sensual belleza femenina, sin embargo, muchísimas de estas mujeres, cuando envejecen, son portadoras de otra belleza que también nos cautiva.

Belleza y juventud son las dos grandes características que acompañan al género femenino en la edad de procrear, y cuando estos dos signos van desapareciendo con los años, algunas de ellas hacen esfuerzos para parecer más jóvenes de lo que son (cirugías, dietas, gimnasios...). A pesar de tal contingencia, la mayoría de ellas han sabido asimilar a la perfección que, después de la edad fértil, todavía les queda vivir de manera distinta tanto tiempo como el que han atravesado con la menstruación. Una abanderada de esta postura es la actriz británica Kate Winslet, que ya muy cerca de los cincuenta años exige que los personajes que interpreta no oculten su edad real ni se disimulen sus arrugas; posturas inteligentes que ponen en evidencia la dignidad de esas dos etapas tan distintas en la vida de las mujeres: la de la fertilidad y la de la madurez. Para acabar, repetiré una frase de la actriz estadounidense Jennifer Aniston al respecto de este tema:

«Poder envejecer con dignidad y sin prejuicios ni peajes estéticos es un derecho».

Capítulo 11

INFORMÁTICA Y ANCIANIDAD

Muchas personas de cierta edad tienen problemas a la hora de adaptarse a los cambios tecnológicos, por lo que al final quedan excluidos de numerosos procesos que, en la actualidad, están absolutamente informatizados (ver a diario los movimientos de una cuenta bancaria y abonar facturas a través de ella, teclear un PIN o una contraseña, pagar vía PayPal, hacer un Bizum, leer de inmediato los resultados de una analítica...). Por lo tanto, están sujetos a tener que pedir ayuda siempre, pues en el tema en cuestión jugamos con desventaja, en particular los ancianos de áreas rurales —esos lugares que ahora se denominan como «vaciados»—, ya que gran cantidad de sus habitantes se han ido de sus pueblos para establecerse en las ciudades. Por otra parte, en los centros bancarios, las frases «que se lo hagan sus hijos», «tendría que aprender informática» y muchísimas más son el pan de cada día.

En «Decálogo» (capítulo 29) aconsejo que, al igual que enseguida aprendimos a ver los rostros de los nietos que viven en países lejanos a través de videoconferencias en nuestro teléfono móvil y, además, mediante WhatsApp, también podemos mantenernos en contacto con ellos a través de la voz o de mensajes escritos. En la actualidad, es básico poseer un ordenador y habituarse a las contraseñas, los códigos, el email y a la informática en general. En ese sentido, el mundo ha cambiado a una velocidad vertiginosa, y no estaría mal que, de la misma manera que ha desaparecido el abuelo «contador de aventuras y cuentos», apareciese el nieto «profesor de informática». El nieto estará encantado de poder ayudar a su abuelo en temas informáticos, y por ello hará gala de todo el aguante posible y sabrá contestar con la debida paciencia a cada una de las preguntas que se le planteen. Los que sigan este método se darán cuenta de que los lazos familiares se consolidan, y aquel abuelo conseguirá, gracias a las clases de su nieto, comprar *online* todo tipo de prendas y manjares o leer en el ordenador portátil los resultados de su analítica un par de días después del pinchazo en el centro de día.

Entiendo perfectamente que ciertos colectivos de ancianos pretendan, a través de manifestaciones públicas en las calles de sus ciudades respectivas, que se les faciliten las cosas con atención presencial y telefónica. No obstante, desde hace años las economías de las empresas se encuentran estructuradas y basadas en las nuevas tecnologías y esto no hay quien lo cambie: el camino ya está trazado y es muy sólido.

Conscientes de la gravedad del asunto, no estaría de más que los poderes públicos estudiaran la posibilidad de socorrer a los hogares de ancianos esparcidos por el territorio español con los euros necesarios para que, en ellos, se impartieran clases de informática. Al principio, muchos de los mayores se reirían, en especial los que aún tienen la piel tostada por miles de horas laborando bajo el sol en el campo; pese a esto, viendo que algunos otros, normalmente los más despiertos, se interesan por el tema, incluso los más reacios acabarían apuntándose. En definitiva, se irían acercando a la informática al igual que una gran mayoría ya se ha apuntado a las videollamadas.

Estoy aconsejando integrarnos a la informática en los hogares de ancianos por una razón muy sencilla: allí es donde pasamos muchas horas, leemos el periódico local, hablamos de fútbol y política o jugamos a las cartas y al dominó; por lo tanto, si nos iniciamos en grupo en el manejo de un ordenador, ganaremos todos. En el capítulo 9 ya lo he expuesto: entre nosotros los talentos son muy distintos y, consecuentemente, en aquel hogar siempre habrá un sénior que entenderá los temas informáticos con más rapidez que el resto; esa es la persona que entre clase y clase aclarará los interrogantes que puedan llegar a plantearse. Durante la carrera de Arquitectura que cursé en Barcelona, el encargado de despejar las dudas sobre el tema de «Estructuras» a toda la promoción del 1966 fue un compañero llamado Carles Buixadé, quien exhibía condiciones de genio en aquella materia.

Cuando los séniores entendamos que debemos acrecentar nuestra destreza en la práctica de las nuevas tecnologías, el cometido que desarrollamos en la sociedad aumentará de manera considerable.

Capítulo 12

INTRANSIGENCIAS

La mayoría de los ancianos nos aferramos con fuerza a nuestras verdades. En otras épocas, en especial durante la juventud, no nos agarramos con tanto ímpetu a las propias creencias. Eso es exactamente lo que ha propiciado que escribiera este capítulo, el haber podido confirmar que, en algunos temas, los longevos somos intransigentes.

Los ejemplos son muchos. El primero que viene a mi mente es el que me ocurrió en el Club Natació Barcelona (CNB) durante los desayunos del domingo por la mañana. Eran unos almuerzos divertidísimos que compartíamos gentes diversas aportando cada uno el material correspondiente (unos olivas y anchoas, otros acarreaban el pan, el experto en embutidos traía el jamón, y Ramón Doménech y yo pagábamos los cafés y las copas). Comiendo y charlando nos divertíamos. Sin embargo, la actitud de uno de ellos alardeando a gritos que con Franco se vivía mejor me enojó tanto que dejé de asistir a esos encuentros mañaneros y entretenidos. Posteriormente, al cabo de un par de años y después de terminar mi partido de pádel, me incorporé a otro pequeño grupo que, algo más tarde, también desayunaba allí, y que acabé abandonando del mismo modo. Uno de los comensales del segundo grupo era un empedernido secesionista (devoto seguidor de Puigdemont), y mañana sí y a la siguiente también me vendía con reiteración las excelencias y ventajas de una Cataluña independiente.

En otras épocas, oír defender a ultranza la dictadura del general Franco y las exquisiteces del procés en Cataluña no me hubiera desesperado tanto. No obstante, ahora que mi liberalismo biológico y mi escepticismo cada día van en aumento, no tengo ganas de oír según qué cosas. Los ancianos, conscientes de que nuestro tiempo se está acabando, no estamos para simplezas. Durante la juventud se admiten todos los sueños, sin embargo, la ancianidad en general solo admite y tiene en cuenta las ilusiones con posibilidades de existir, o lo que es lo mismo, nos gusta concentrarnos en quimeras con victorias seguras. Resumiendo, esto tiene un nombre: intransigencia. Los de habla inglesa ya lo dicen: *Time is money*; una breve metáfora que, entre muchas otras cosas, sugiere que es mejor invertir nuestro tiempo en cuestiones que tengan futuro.

Al contrario de los séniores, los jóvenes no son tan intransigentes. Me gustaría contar aquí dos anécdotas que, separadas por sesenta años, viví de manera muy directa en Estados Unidos. Mi etapa de estudiante en Boston empezó en octubre del año 1958. Yo tenía veinte años y alquilé una habitación individual con derecho a baño en la vivienda de un matrimonio de ancianos. En la América del norte, ver el letrero *Room for Rent* en zonas residenciales cercanas a instituciones universitarias es muy normal. Me instalé en la calle Gainsborough, muy cerca del New England Conservatory of Music (NEC). Allí vivíamos cuatro estudiantes y la pareja propietaria. Al cabo de tres semanas escasas, entró en mi habitación Balazs Monoki, un estudiante de origen húngaro, y me hizo la siguiente propuesta: «En esta casa vivimos tres pianistas: tú, Ángel Ramón Rivera (un estudiante de Puerto Rico) y yo, y cada uno de nosotros paga cuarenta dólares mensuales; pues bien, con este total de ciento veinte dólares podríamos alquilar un apartamento con cocina».

A la semana siguiente nos trasladamos los tres al número 77 de la calle Hastings, también muy cerca del NEC. Nos adaptamos a vivir juntos enseguida. Los castellanoparlantes usábamos la habitación grande con dos camas, y Boly (así se apodaba Balazs Monoki) dormía en una pequeña habitación individual. Jamás surgió el más mínimo problema; fuimos muy felices en aquel lugar. No obstante, y esta es la segunda anécdota, ya de mayor y durante uno de mis innumerables viajes anuales a Nueva York, durante una cena con tres amigas íntimas (todas ellas viudas y de edades similares a la mía) que vivían en el mismo barrio de Manhattan, se me ocurrió de golpe, a título de propuesta, comentarles la idea que tuvo mi amigo húngaro en el año 1958; la respuesta a mi clara proposición fue irrefutable: elegantemente, las tres se miraron con cariño y, sin mediar palabra, sonrieron elegantemente al unísono, como diciendo: «Jordi, por aquí no vas bien». Durante la vejez y, sobre todo, en los casos de economías más que saneadas, las intransigencias propias de la edad no permiten según qué aventuras —absolutamente normales en otras épocas de nuestra vida—. Aprovecho la coyuntura, ahora que ha salido a colación el tema de Manhattan, para decir que tendríamos que ir olvidando la idea de que el sueño general de los longevos estadounidenses es retirarse a Florida para tomar el sol y jugar al golf. Si bien esto es cierto en numerosísimos casos, una de estas amigas de Nueva York (se llama Cathy Wolf y tiene ochenta y tres años) continúa en activo haciendo *castings* para el cine y la televisión de manera asidua; Cathy es una excelente e incansable actriz.

Somos una especie longeva, esta es una de nuestras grandes particularidades, y una de las señales de identidad que nos conforman nos lleva siempre a buscar la aceptación por parte del grupo; ser miembros de una familia, tribu o club deportivo es nuestra principal vocación, ya que así nos sentimos más protegidos y realizados. Como dice María Martiñón-Torres (directora del Centro nacional de Investigación sobre la Evolución): «Es más frágil un individuo que está solo que un individuo que está enfermo». No obstante, muchísimos ancianos ya no necesitamos ampliar el círculo de amistades, y tampoco nos atrae descubrir nuevos lugares (países, ciudades, bares, restaurantes, pueblos...), sino que nos gusta saborear reiteradamente los que conocemos bien desde hace muchos años. Gran parte de nosotros también odia profundamente hacer cola en los aeropuertos al embarcar, en algún ayuntamiento con el objetivo de obtener una licencia, en las oficinas de la Generalitat de Catalunya para pedir una Cédula de Habitabilidad, en la caja de los supermercados o esperando que la farmacéutica y la clienta que tenemos delante concluyan su larga charla para poder pagar. Naturalmente que nos gusta tener una familia (nuestros seres queridos), y también un buen equipaje de amigos íntimos, pero la intransigencia de los ancianos es una actitud que no solo rechaza ideas y opiniones de otros, también tiene que ver con conductas. Por eso, a estas alturas (no como en el lejano Boston de 1958), todos los longevos aún activos somos esclavos de nuestros propios tics, y uno de ellos es este: nos encanta saborear de manera privada nuestra espléndida soledad; y si esta transcurre en el Upper West Side de Nueva York, un lugar desde cuya altura se puede disfrutar de la grandiosidad de la noche iluminada de Manhattan, mejor que mejor. Estoy hablando de una soledad que no implica una vivencia desagradable, al contrario, es enriquecedora y deseada. Como dijo Montaigne (escritor, humanista y moralista francés del Renacimiento), en referencia a la soledad: «Aquella en la que debemos mantener nuestra habitual conversación con nosotros mismos, y tan privada que no tenga cabida ninguna relación o comunicación con cosa ajena».

No quiero ni puedo acabar este apartado sin hacer hincapié en un pasaje que he escrito en el capítulo 1: «Cada anciano es un mundo», ya que no podemos pasar por alto sus distintas singularidades. Y al margen del carácter y talento que cada uno de nosotros poseemos, la situación económica también influye de manera notable en nuestra forma de vivir. Mis amigas del famoso Upper West Side de Nueva York, al tener una economía muy saneada, pueden pagar su deseada independencia, sin embargo, tres pensionistas españoles que cobran alrededor de novecientos euros mensuales cada uno, que son muy amigos y que viven en el mismo pueblo, un día pueden llegar a la conclusión de que lo mejor para ellos sería juntarse. Así, la repercusión del alquiler común les ayudaría a vivir con mayor desahogo y se harían compañía mutua. En pocas palabras, los problemas económicos nos hacen menos intransigentes.

Algunos de esos arrebatos de intolerancia, propios de una edad avanzada y expuestos en este capítulo, resultan muy inofensivos; no obstante, no me gustaría que, por culpa de alguna intransigencia en ciertos temas importantes, sin querer, perjudicáramos a todos los demás.

Capítulo 13

BRECHA GENERACIONAL

Una de las características del siglo XXI es que los jóvenes ocupan un gran espacio. Rosalía, Carlos Alcaraz, Greta Thunberg y otros muchos están en los medios gran cantidad de horas al día; sin embargo, los ancianos (como protagonistas de éxito) solo aparecen en la entrega de los premios Nobel o de galardones honoríficos. Hubo un tiempo, cuando no había internet ni tabletas ni móviles, en que los abuelos contaban cuentos a sus nietos (capítulo 11), niños que vivían en hogares donde solo había una radio, normalmente patrimonializada por seriales o partidos de fútbol. Aquellas invenciones mágicas de los abuelos unieron a generaciones muy distintas. Ahora, como digo, los nietos prefieren las imágenes de sus tabletas o los juegos de sus móviles, y por tanto, el abuelo como contador de fábulas ya no existe. Es un oficio en vías de extinción...

Durante la pandemia pudimos comprobar con tristeza que los ancianos pasamos a un segundo plano. Como consecuencia de la aplicación de protocolos discriminatorios, salvar a los jóvenes se había convertido en prioridad, e incluso algunos hospitales llegaron a rechazar a los octogenarios en los momentos de colapso, cuando esos hospitales son lugares que en su día, y a través de su esfuerzo, construyeron nuestros abuelos. Por suerte, al no desaparecer nunca el instinto de conservación de la especie, algunos ancianos salieron del atolladero, pero muchos otros (los más vulnerables) lo pasaron fatal.

Twitter, Instagram, Facebook... son redes muy usadas por los jóvenes y, no obstante, los séniores son muy poco aficionados a moverse en ellas. Este hecho, junto con el divorcio de una gran mayoría de los ancianos con la informática, ha proporcionado un extraordinario poder a los primeros y, entre otras cosas, es el que está provocando que la histórica brecha generacional de cada época hoy se haga más evidente.

Como ya se ha dicho en el capítulo 4, España es el segundo país de la UE más envejecido, y por lo tanto es multigeneracional (conviven cinco generaciones). Sin embargo, los séniores no están suficientemente integrados. De hecho, el 80 por ciento de las relaciones de los ancianos siempre acontecen con personas de edades similares. Nuestra interacción con los otros no se puede ceñir solo a ser atendidos debidamente en bares, restaurantes y hospitales; también debemos relacionarnos con ellos en otras materias y asuntos. Seguramente, si procediéramos así nos daríamos cuenta de que la edad y la experiencia no son siempre sinónimo de clarividencia, como tampoco ser joven equivale a tener razón.

La llegada de la vejez no solo se nota a través de los deterioros físicos que van apareciendo lentamente, sino que también se capta al advertir esa desconexión con las otras generaciones. En este libro defiendo con todas mis fuerzas que los ancianos tenemos la obligación de seguir integrados en la sociedad donde vivimos; de esa forma podremos intervenir.

Cuando tengo ocasión de relacionarme con gente joven, constato enseguida que estoy desconectado de muchas de las cosas que ellos hacen. En nuestras batallas de antaño, los que somos mayores, en la actualidad, luchamos con ideas y herramientas que hoy ya se encuentran en desuso.

En los capítulos 11 y 29 hablo de este tema, y mantengo que los longevos que se encuentran alejados totalmente de la informática deberían hacer el esfuerzo de acercarse hasta ella y adquirir un ordenador, conectarse a internet, preguntar qué significan las palabras wifi, *cookies*, App, *jumpis* y un largo etcétera. Si no lo hacemos, corremos el riesgo de convertirnos en personas hostiles al presente y enfrentadas permanentemente a los jóvenes —actualmente muy empoderados por ser hábiles en esta materia—. Cuando la gente joven de hoy llegue a octogenaria, estará libre de esas limitaciones informáticas, ya que ha crecido rodeada de móviles, ordenadores, tabletas y otros artilugios similares.

Para no quedarnos atrás, los que aún podemos, tenemos la obligación de evitar desconectarnos de los asuntos que manejan los jóvenes.

Capítulo 14

OCTOGENARIOS EN LA CIUDAD

Cuando salimos de casa para llevar a cabo nuestros quehaceres cotidianos, los mayores andamos por las aceras, y demasiadas veces nos asustamos al ver cómo algunas bicis y patinetes pasan veloces rozando nuestras vestimentas. A según qué horas, al ver las aceras despejadas, sus usuarios se animan a circular por allí sorteando a los que caminamos por ellas, sin pensar que, en un momento dado, cualquier chiquillo travieso puede abrir súbitamente el portal de su casa y salir a la calle de manera inesperada. Cuando algo así ocurre, el patinete no tiene tiempo de frenar. Los abusos de esta índole son múltiples y, si el atropellado es un octogenario, las consecuencias pueden ser fatales. Cualquier fractura importante en la estructura ósea de un sénior es susceptible de condicionar el resto de sus días. Recomendar a los ancianos que no salgan de casa no es la solución; la verdadera medida para evitar ese brutal descontrol la tienen los ayuntamientos. Tendrían que amonestar a estos infractores, abiertamente hostiles, con multas ejemplares, es decir, castigos que sirvieran para que estos atropellos a peatones no se produjesen. La otra solución posible sería imitar lo que han decidido los ciudadanos de París hace pocos meses, prohibir a rajatabla los patinetes. *Voilà!* Así de simple. Mi experiencia se concreta básicamente en Barcelona (mi ciudad), sin embargo, he podido comprobar que está pasando algo similar en otras localidades. Ambicionamos bajar los índices de polución, nos gusta crear islas peatonales, queremos rehabilitar barrios enteros y muchas cosas más, por lo que es lógico pensar que las autoridades desean todo eso con el objetivo de lograr unas ciudades más seguras, limpias y acogedoras. Para ello, gastan ingentes cantidades de dinero creando carriles para bicis y patinetes y pintan con determinados colores las calzadas de nuestras calles. No obstante, al no existir ningún tipo de control posterior, estas acciones quedan inmediatamente devaluadas. En la actualidad, las bicicletas y los patinetes circulan por sus propios carriles, pero también lo hacen por otros lugares. Actúan así porque saben muy bien que en la Ciudad Condal la libertad de acción es absoluta: ya nadie vigila a nadie, por lo tanto, algunos usuarios de bicis y patinetes (normalmente gente joven) invaden las aceras, un lugar históricamente reservado a los peatones, saltándose a la torera letreros y leyes.

Los ciudadanos tendríamos que votar de manera inteligente para lograr tener alcaldes que, entre muchas otras cosas, conviertan las aceras en espacios destinados a los peatones, trabajen para reducir la contaminación acústica, que las fuentes públicas no estén sin agua, que en las plazas existan zonas con algo de sombra, y que, además, los ciudadanos también puedan sentarse —me consta que hay *silvers* que no salen a la calle porque al no haber bancos saben que no podrán descansar—. Y, para terminar, quiero pedir a los que no mandan, o sea, a toda la ciudadanía, en particular a los que usan patinetes y bicicletas, un poco más de urbanidad. Entre todos tenemos que lograr que la ciudad sea un lugar agradable para los ancianos y que les sea cómodo desarrollarse en ellas: trabajando, paseando o simplemente tomando el sol. En pocas palabras, que puedan seguir conservando su dignidad y autonomía. Pensar ciudades y viviendas para ancianos también significa pensar en los otros, pues dentro de poco serán como ellos.

A nivel mundial, y contrariamente a lo que podría sugerir una visión estereotipada, las ciudades son lugares en los que, en promedio, la gente vive más. En ellas, los ancianos son numerosos, por lo que resulta esencial remodelarlas para que también sean habitables para ellos.

Capítulo 15
BARRERAS ARQUITECTÓNICAS

Los arquitectos deberíamos prestar una especial atención cuando diseñamos viviendas. Tendríamos que facilitar el poder adaptarlas a las necesidades de los ancianos. Cuando los longevos caemos enfermos o simplemente nos debilitamos, cualquier cosa puede convertirse en un obstáculo, y considerando que, al igual que ocurría con mi madre (capítulo 28), la ilusión y esperanza de muchísimos ancianos es poder morir en la cama de su hogar, la atención a los mayores ha de ser integrada, con la posibilidad de curas médicas a domicilio. En otras palabras, es necesario y urgente activar un «hacerse cargo» de la persona mayor en el lugar donde se desarrolla su vida. Todo esto, además de requerir un proceso de conversión social y cultural, también implica la urgente supresión de cualquier barrera arquitectónica en nuestras viviendas y en el vestíbulo del edificio donde se encuentran. Así responderemos adecuadamente a las demandas de las personas mayores. Como ya señalé, los séniores nos vamos debilitando, ya no tenemos la fuerza de antes, por lo tanto, los diseñadores deberían pensar en nosotros. Muchas veces, estos profesionales tienen tendencia a diseñar rótulos, indicaciones urbanas y tarjetas de visita con caracteres de tamaño minúsculo, y los ancianos (una gran mayoría con problemas de visión) los leemos con dificultad; también deberían tener en cuenta que el manejo de persianas y puertas, cajones y griferías de nuestros hogares, debería resultar cómodo, es decir, que no haga falta mucha fuerza para abrirlas o cerrarlas.

Este nuevo paradigma de asistencia que hemos de plantear debe tenerlos a ellos como los grandes protagonistas. Seguramente, por esta razón, el hospital Vall d'Hebron de Barcelona apuesta de manera definitiva por la hospitalización a domicilio. Dicho método es más cómodo para los enfermos y el sistema sanitario, además, ahorra en costes alrededor de un 30 por ciento. Los pacientes longevos que prueban este procedimiento están encantados. El 50 por ciento de los hospitalizados a domicilio por el Vall d'Hebron tienen más de setenta y cinco años, y opinan que en los centros sanitarios añoran su hogar y se desorientan. Además, al permanecer en sus propias casas, evitan las infecciones que se transmiten por el contacto con otros pacientes. Concluyendo, creo que en este aspecto la medicina va por buen camino. Pero al trasladarse a nuestras viviendas para atendernos, será preciso que la logística sanitaria no encuentre en ellas barreras arquitectónicas ni deficiencias en las instalaciones que puedan obstaculizar su labor.

La accesibilidad está garantizada por ley en España desde hace veinte años, por lo que cabría pensar que ya es una premisa interiorizada por todos los arquitectos y tenida en cuenta en cada proyecto de construcción y rehabilitación. El Colegio de Arquitectos de Cataluña siempre ha prestado un gran servicio al respecto. Y, concretamente en Barcelona, hemos tenido la suerte de poder contar con los trabajos del arquitecto Enrique Rovira-Beleta, el responsable de accesibilidad en los Juegos Olímpicos y Paralímpicos de Barcelona, que hoy sigue asesorando a empresas, instituciones y gobiernos acerca de decisiones de diseño arquitectónico para facilitar la vida de las personas. Además, es profesor de la UIC Barcelona School of Architecture, y allí forma a arquitectos y profesionales de diferentes ámbitos en accesibilidad y diseño universal. Coincidir con Rovira-Beleta es muy fácil: él lo sabe todo sobre la silla de ruedas, seguramente su gran experiencia es la responsable de que Barcelona (junto con Berlín) sea una de las ciudades europeas con una mejor accesibilidad. Yo lo compruebo a menudo cuando, con una silla de ruedas, acompaño a mi mujer al Hospital Clínic. Desde que salimos de nuestro ático en la calle Valencia número 16 hasta que llegamos a la cuarta planta del mencionado centro, habiendo recorrido algo más de diez manzanas de nuestro Ensanche, no encontramos ninguna barrera.

Cuando aún nadie hablaba de los séniores del siglo XXI, fuimos muchos los arquitectos que entendimos, gracias a Rovira-Beleta, que los ascensores debían diseñarse con capacidad para seis personas, lo que permite entrar en ellos con una silla de ruedas sin desmontarla; aprendimos que los pasillos de nuestras viviendas han de tener una anchura mínima de un metro y la amplitud de las puertas no ha de ser menor de ochenta centímetros; y también colocamos las botonaduras de los porteros electrónicos a la altura precisa para que puedan ser usadas por personas con problemas de movilidad y niños. En pocas palabras, el tema de las barreras arquitectónicas no se acaba colocando rampas adecuadas, es mucho más amplio y complejo.

Hace años tuve que eliminar algunos obstáculos de mi hogar que dificultaban la movilidad de mi mujer (hoy, con ciertas carencias). Reformé el baño eliminando la bañera y colocando un plato de ducha al mismo nivel del suelo, y diseñé unas pequeñas rampas de madera para superar los desniveles existentes en el cuarto de estar. Haciéndolo fui el hombre más feliz del mundo, ya que actualmente mi mujer puede moverse con su carrito de ruedas cómodamente por toda la casa.

Diseños y ayudas adecuadas permitirán que los ancianos con carencias de salud vivan esta fase de su existencia de forma «familiar», es decir, en su mismo hogar y de manera que valga la pena.

Capítulo 16

RESIDENCIAS

En algunos países, las residencias de ancianos han sido la respuesta a una demanda creciente de un mundo en transformación, aunque gran cantidad de personas de edad siguen deseando vivir en sus propios hogares y piden que se les apoye en esta elección.

Los centros geriátricos son lugares bien conocidos donde un buen número de ancianos están destinados a pasar los últimos años de su vida, ya sea por voluntad propia o porque se ven obligados a ello debido a sus condiciones personales (no tienen familia, sufren enfermedades o alguna incapacidad). De hecho —aunque generalizo, seguro que habrá alguna excepción—, cuando la gente lleva a sus ancianos a una residencia lo hace con el convencimiento de que dicho lugar significa la despedida. Perciben el geriátrico como una gran sala de espera donde el anciano, cómoda y resignadamente, aguardará a la muerte.

A lo largo de los años, los asilos para mayores se han multiplicado una barbaridad. En la mayoría de estas estructuras, la dignidad y el respeto a los ancianos han sido siempre las piedras angulares de la labor de asistencia, gracias a lo cual los episodios de maltrato y violación de los derechos humanos salen rápido a la luz causando mucho ruido mediático. En este sentido, los sistemas sociosanitarios y asistenciales tanto públicos como privados han invertido considerables recursos económicos para el cuidado de los séniores, integrando dentro de ellos las residencias de ancianos.

Todos sabemos que, en la actualidad, aquella vieja estructura social en la que los abuelos, padres y nietos residían en el mismo hogar ya no es usual, por lo que hay un gran número de mayores que viven solos. En numerosas ocasiones, cuando una de estas personas cae enferma, los hijos deciden ingresarla en una residencia, ya que no pueden hacerse cargo de él, repartiéndose los gastos derivados del trámite. En ciertos casos, dependiendo también del tipo de enfermedad que sufra, el anciano suele ser feliz en estos centros y es bien atendido; sin embargo, los problemas se agravan en el momento en que los residentes adolecen de poca movilidad, pero su mente funciona a la perfección. La mayoría de ellos añoran su barrio y sus quehaceres cotidianos, y es entonces cuando el aburrimiento que sienten en la residencia se puede hacer crónico. Recuerdan los paseos por calles conocidas, las conversaciones con amigos en los bares de siempre y, sobre todo, el sentido de permanencia a un lugar. Nos gusta desarrollar nuestra vida en los paisajes que conocemos y controlamos, allí es donde verificamos que la propia identidad se mantiene satisfecha. Cualquier olor, color o escondrijo del barrio nos transporta a vivencias del pasado; nostalgias mágicas que cohesionan la existencia, esencias que nos relacionan con vecinos, familiares y amigos queridos que ya no están. Cuando eso sucede, pienso en lo humano que es querer vivir hasta el final en tu vecindario y en tu casa: muriendo en paz en tu cama de siempre. Claudio Magris lo explica muy bien cuando dice: «Un lugar no es solo un presente, sino también ese laberinto de épocas diferentes que se entrecruzan en un paisaje y lo constituyen».

A lo largo de los años, las reglamentaciones han impuesto una reducción del tamaño de las grandes estructuras residenciales, sustituyéndolas por módulos más pequeños que son más funcionales para las necesidades de los huéspedes.

Cada residente es un caso distinto, pero por norma general la queja de los que aún se encuentran en condiciones mentales aceptables es que en la residencia no pueden hacer las cosas que hacían antes en su casa, y lamentan que las ocupaciones lúdicas en estos centros para mayores sean demasiado infantiles. Tocar las palmas, dibujar y cantar funciona a ciencia cierta para algunas personas, pero —vuelvo a incidir en ello— al ser los ancianos gentes muy distintas, sería bueno que una gran mayoría de los moradores de estos geriátricos dejaran de ser «pacientes» para convertirse en sujetos activos y efectuar lo que se denomina «tiempo de terapia ocupacional», un atractivo que unas pocas residencias ya pone en práctica, y que, al ofrecer distintas actividades, da lugar a que cada morador pueda escoger la que más le gusta.

Son sedes modernas que saben muy bien que las innovaciones tecnológicas estimulan las capacidades cognitivas y fomentan a su vez las relaciones sociales entre los internos. En definitiva, son terapias no farmacológicas que promueven el envejecimiento activo, y así se atienden las necesidades de ocio, se mejora la salud física y emocional y, por lo tanto, al aumentar la calidad de vida del anciano, paulatinamente, se va olvidando de su barrio.

Hoy en día, junto a este nuevo tipo de sedes, en Euskadi están estudiando otro modelo que denominan «unidades de convivencia». Se trata de un proyecto con un nuevo espíritu en el que las tristes y tradicionales habitaciones son sustituidas por pequeños apartamentos. Así, con este abanico de ofertas, nuestra sociedad demostrará haber comprendido que cada anciano es un mundo, por lo cual no se puede pasar por alto la singularidad de cada caso: su nivel intelectual, nivel económico, enfermedades, relaciones, talentos...

Muchos séniores que por razones diversas han de dejar sus casas, se podrán acomodar en las unidades de convivencia. Habrá otros que se adaptarán en residencias con innovaciones tecnológicas y, finalmente, en los casos en que los ancianos ya se encuentran en fases terminales, es decir, cuando necesitan todo tipo de cuidados, no hay ninguna duda: los centros geriátricos tradicionales son imprescindibles.

Y, para concluir, digo lo mismo que cuando me refería a los séniores. La frase «todos los séniores son distintos» sirve también para las residencias. Todas ellas exhiben gran diversidad entre sí, y en general son absolutamente necesarias. Su existencia no solo ayuda directamente a infinidad de ancianos enfermos, también solventa un elevado número de problemas que los aquejados generan en las vidas de sus familiares más directos (cónyuges e hijos).

Como consecuencia de la pandemia y de la alta mortalidad en las residencias, salieron a la luz situaciones dramáticas. Más allá de las responsabilidades de gestión y políticas, emergieron también casos evidentes de dejación, seguramente, como resultado del exceso de internos en relación con el número de cuidadores.

Algunos políticos, sabedores de todo lo que hasta aquí se ha relatado, se apresuraron a elaborar de inmediato desde el Ministerio de Derechos Sociales un proyecto de reforma cuyos objetivos iban encaminados hacia diversas direcciones: que estos centros se parezcan lo máximo posible a un hogar; que se aumente la ratio de empleados por residentes; que en zonas rurales se limite el número de plazas a setenta y cinco, y a ciento veinte para las urbanas; y que se adapten a las necesidades de sus internos. En definitiva, un plan para intentar lograr que, en el futuro, las residencias resulten lo más cercano a un hogar y que eludan cualquier parecido con *parkings* humanos o depósitos de objetos perdidos. No obstante, este conjunto de iniciativas ni siquiera llegó a votarse en la reunión del Consejo Interterritorial de Servicios Sociales, ya que algunas comunidades autónomas lo rechazaron. El problema no surgió de los contenidos del plan (que nadie discute), sino de los costes de este. Es por eso por lo que ahora el Ministerio deberá estudiar y pactar con las autonomías un nuevo acuerdo presupuestario. Sería bueno para nuestra sociedad que tanto el Gobierno como las comunidades autónomas hicieran el esfuerzo económico necesario para que el proyecto pudiera ser una realidad. Cantidad de ancianos de este país lo agradecerían. Yo soy optimista al respecto, he hablado con varios expertos del sector y todos sin excepción confiesan que dicha iniciativa se acabará imponiendo debido a la demanda social.

Cada día que pasa, la media de nuestras vidas se va alargando: vivimos más años. Las estadísticas anuncian que España será el país con más longevos de Europa en el año 2050. Por lo tanto, debemos prepararnos para vivir más y hacerlo de la mejor manera, y aquí los diferentes tipos de residencias tienen un papel muy importante que jugar. Sin ellas, muchísimos séniores estaríamos perdidos.

Capítulo 17

EDADISMO Y GERONTOFOBIA

«Edadismo» es un término que hace referencia a la discriminación que ejercen unos individuos contra otros por su edad. Este vocablo lo acuñó el gerontólogo estadounidense Robert Neil Butler a finales de los años sesenta del siglo pasado. Cuando Butler era estudiante, descubrió que a los pacientes de edad avanzada se les denominaba *GOMER* (*Get Out of my Emergency Room*, en castellano: «Sal de mi sala de emergencias»), y también fue testigo de que en un complejo residencial de lujo de la ciudad de Washington D. C. los ancianos eran excluidos.

Cuando esta injusta postergación va creciendo, puede dar lugar a la gerontofobia o midorexia, es decir, un trastorno de ansiedad ante el miedo a envejecer, vinculado a la creencia de que ser joven es un valor en sí mismo, con lo que la aprensión a la decrepitud va creciendo. Además, hay un factor que empuja este fenómeno: el incremento en la esperanza de vida.

El segundo ejemplo de Butler es un paradigma de discriminación: «Trato diferente y perjudicial que se da a una persona por motivos de su edad». Sin embargo, hay otro tipo de componendas con la edad que no son nada agresoras, pero que también me gustaría comentar aquí. Hace muy pocos meses, después de intervenir en una entrega del programa *Salvados* en la cadena La Sexta de nuestra televisión, me llamaron la atención los textos de ciertas felicitaciones que recibí a través de Instagram. Muchos de los cumplidos empezaban así: «[…] *con sus ochenta y cinco años tiene la cabeza muy bien amueblada»; «*[…] *a sus ochenta y cinco años es capaz de…»*. Es decir, en la mayoría de ellos subyacía cierta admiración como consecuencia de mi edad. Y esto solo tiene una explicación: la sociedad adolece de una visión deformada de los séniores. Un error que emana del desconocimiento, es decir, al no vernos ni oírnos demasiado por las redes porque ya son muy pocos los que nos llaman, la gente no solo nos obvia, sino que nos estereotipa, o sea, nos ve a todos muy parejos. Sin querer, se nos asimila a ignorancia, desinterés, enfermedad, etcétera. Y, cuando algunos descubren que una persona de ochenta y cinco años aún es capaz de dialogar y discurrir de manera ingeniosa y educada, se sorprenden. Quiero aclarar que las felicitaciones aludidas me pusieron muy contento, aunque también pensé que, si en *Salvados* hubiera dicho exactamente lo mismo, pero con cuarenta años menos, no hubiese recibido elogio alguno, o bien a los autores de tan gentiles comentarios no les hubiera preocupado recordarme mi edad con tanto énfasis.

Una de cada dos personas en el planeta es «edadista». La OMS viene alertando sobre estos tristes prejuicios cada vez más extendidos. Lamentablemente, dicha discriminación se une con fuerza a otras mucho más antiguas como el género, la clase social, la nacionalidad...

El edadismo surge de una idea errónea sobre dos colectivos, el que agrupa a la gente mayor y el de los jóvenes. Seguramente, este problema tiene su origen en la vocación de los seres humanos a rendir un exagerado culto a lo nuevo, y esta actitud nos lleva a despreciar lo antiguo, desde objetos y productos hasta personas. Dicho esto, el lector habrá comprendido enseguida que la gerontofobia es una consecuencia del edadismo. Algunos ancianos (frecuentemente ancianas), al sentirse discriminados por el edadismo, acuden en ocasiones a clínicas de cirugía estética para intentar aparentar ser más jóvenes. Los que hacen eso, sin duda alguna, padecen gerontofobia.

La respuesta para controlar la pandemia de la COVID-19 ya demostró lo extendido que está el edadismo. En algunos escenarios, la edad se utilizó como único criterio en el acceso a la atención médica, en el mandato de confinamientos obligatorios y en las terapias que salvan vidas. Actualmente, en los países en los que se está trabajando seriamente para recuperar la normalidad perdida como consecuencia de la pandemia, se tiene muy en cuenta el tema y se lucha para eliminar esas actitudes discriminatorias basadas en la edad que tanto daño hacen. El edadismo no está reconocido ni se aplican medidas contra él y, sin embargo, ocurre con mucha frecuencia y también acarrea consecuencias nefastas desde el punto de vista económico. Nos perjudica a todos; está tan aceptado y generalizado discriminar a las personas por su edad que ni siquiera nos damos cuenta de su efecto maligno para nuestra dignidad y nuestros derechos. Insisto, tendríamos que buscar con ahínco la interdependencia entre generaciones, ya que las ventajas sociales y económicas son innumerables.

Es necesario reconocer de una vez por todas que muchas de las sociedades actuales, incluida la nuestra, padecen gerontofobia, ya que consideran a la vejez como una realidad absolutamente antagónica a los valores que reinan en ellas, sistemas básicamente estructurados para enaltecer todo lo nuevo en general y, muy concretamente, a la juventud. De manera automática, y sin darse cuenta, muchos medios de comunicación practican un edadismo inconsciente; en vez de ilustrar textos dedicados a la ancianidad con una fotografía de un octogenario dando un concierto de piano, o bien corriendo la maratón de Nueva York, lo hacen con la típica imagen de un hombre mayor sentado en el banco de un parque y dando de comer a las palomas. El defensor del lector de *La Vanguardia*, Joel Albarrán, lo explicó en un artículo titulado «Estereotipos sobre la "gente mayor"», en el que se podía leer: «A veces, también caemos involuntariamente en la simplificación y la estereotipación».

Mientras muchos pueblos indígenas siguen venerando a sus mayores como seres valiosos que aportan experiencia y sabiduría, en nuestras sociedades —cada vez más edadistas— se les desprecia y posterga. A veces, pienso que nuestra simple presencia les recuerda su propia mortalidad.

Como digo, la OMS, junto con otras entidades de prestigio internacional, ha elaborado estudios sobre este conflicto, y ha dejado claro que los mayores que son víctimas de edadismo tienen muchas posibilidades de sufrir una muerte prematura y un riesgo más acusado de practicar hábitos nada saludables (consumir alcohol, fumar...). En Alemania se han realizado estudios sobre este tema, llegando a la conclusión de que los ancianos que tienen una percepción negativa de su edad sufren un aceleramiento de su deterioro cognitivo, verificando a su vez que los que tienen una concepción positiva lo reducen. Por norma general, los que incurren más frecuentemente en el edadismo contra ancianos son varones de corta edad de muy bajo nivel intelectual y de educación deficiente que, además, sienten ansiedad ante la idea de la muerte.

Deberíamos entender de una vez por todas que aislar a los mayores es un error muy grave. Tendríamos que favorecer comunidades donde imperara la diversidad y la mezcla, pues de esa manera los jóvenes, al relacionarse con gente mayor, aprenderían un montón de cosas. Nunca olvidaré las visitas de vecinas adolescentes que mi madre recibía continuamente en casa. Todas ellas sabían que Mercedes Piera Gelabert, una intelectual ya jubilada y con mucha experiencia sénior, las podía asesorar en múltiples temas (y de hecho así lo hacía). El edadismo, que no deja de ser un acto cobarde, desaparece delante de casos como el de mi madre: una intelectual de prestigio, culta y con opinión propia, en pocas palabras, una persona tenida en cuenta. En cambio, el edadismo se agranda de manera cruel ante ancianos débiles y tristemente desubicados.

Mi vida se ha desarrollado en el mismo lugar donde vivió y murió mi madre, el Ensanche barcelonés, concretamente en la zona denominada como L'Esquerra de l'Eixample, y me gustaría continuar viviendo en este distrito hasta el último minuto de mi existencia. En este tejido urbano en el que convivimos gentes muy diversas y de distintas edades (abogados, médicos, arquitectos, taxistas, panaderos, economistas, carpinteros...), se ha impuesto el valor de la diferencia (capítulo 2), por eso, el edadismo brilla por su ausencia, y en mi barrio somos muy felices.

He puesto como ejemplo positivo de interrelación social la que se practica a diario en los barrios del Ensanche barcelonés (sobre todo en aquellos con economías más bajas), pero también podría hablar de los de Lisboa, Marsella, Génova, Nápoles, Palermo y centenares de otras ciudades compactas del sur de Europa, donde conviven a diario seres humanos de muy distintas profesiones y edades, pero con características biológicas similares (sentido del humor y de la ironía, locuacidad, calidez, gestos, hospitalidad...). Los que conversamos moviendo las manos hemos acabado entendiendo que las diferencias entre nosotros no significan obstáculo alguno para que seamos felices, y cada vez que constato lo que estoy contando, viene a mi memoria la «Carta de Atenas». Lo explico. A mitad del siglo xx, el urbanismo europeo cometió un grave error, pues a través de la mencionada «Carta» —un manifiesto urbanístico redactado en el Congreso Internacional de Arquitectura Moderna— se planificó una segregación del territorio en zonas, atendiendo a una serie de supuestos en función de los usos y necesidades de la sociedad moderna: habitar/circular/trabajar/recrear; es decir, se apostó por una zonificación de la ciudad que seguía criterios específicos con ánimo de «separar» en vez de «integrar»; un urbanismo que nada tenía que ver con el ensanche de Barcelona. Por eso, fue un enorme fracaso. No hagamos lo mismo ahora con nuestras cinco generaciones.

Las expectativas de vida de la población del primer mundo cada vez son mayores, por lo tanto, sería de locos que en un futuro se acabara considerando la longevidad como un delito. Un gran número de expertos de todo el mundo solicitan un tratado internacional relativo a los derechos humanos de los ancianos, en el que se prohíba toda forma de discriminación por edad y que ofrezca una normativa y orientaciones sobre cómo fomentar, cumplir y proteger los derechos humanos de las personas mayores.

Con este tratado, las sociedades más inclusivas, equitativas y amigables con los mayores llegarán a ser más seguras, sostenibles y justas.

Capítulo 18

ANCIANOS MALTRATADOS

En «Residencias» (capítulo 16), el lector podrá advertir la alta mortalidad que tuvo lugar en estos centros durante la pandemia, además de algunos datos con respecto al funcionamiento de tales centros. Pero no todo lo malo que puede acontecerle a una persona mayor sucede en el interior de esos geriátricos; en los domicilios de los ancianos también ocurren cosas desagradables.

En general, la mayoría de las víctimas de sucesos de maltrato a personas mayores que conviven con sus familias o cuidadores son mujeres que, en la mitad de los casos, reciben malos tratos por parte de sus hijos (un gran número de ellos con adicciones a drogas o con patologías mentales). Cuando me enteré de que las mujeres sufren más este tipo de episodios me entristecí y, a su vez, vino a mi memoria algo que leí hace muchos años: «Las mujeres son mucho más resilientes que los hombres: aceptan mejor la adversidad».

La mayoría de las veces, la violencia infligida a las personas de edad avanzada se ejerce de forma oculta. En casi todos los casos, se trata de una crueldad padecida en silencio, y por eso es tan difícil detectarla. Muchos ancianos sufren esta situación después de la jubilación, ya que, de golpe, pierden su anterior prestigio económico y social, y algunos de ellos se convierten en seres sumamente vulnerables. Los especialistas conocen de la existencia de este problema, pero también saben de las dificultades para abordarlo. Estos expertos auguran que el número de situaciones de malos tratos a los ancianos irá en aumento debido al progresivo envejecimiento de la población, y también porque el cuidado a los mayores no está claramente definido en normas sociales explícitas, como sí lo está en el caso de los menores de edad.

Las causas del maltrato son variadísimas (engaños, chantajes económicos, de orden psicológico...), pero las dos formas de maltrato más usuales son las agresiones físicas producto del machismo y la apropiación indebida de la pensión de la víctima, es decir, los medios económicos que maneja el anciano para vivir. Podemos hablar del maltrato físico (causante de daño corporal), si bien también existe el maltrato emocional (insultos y palabras humillantes); la negligencia (no suministrarle los alimentos necesarios...); y el abuso financiero (robarle su dinero, pertenencias...) al que ya se ha aludido anteriormente. Según la ONU, una de cada seis personas mayores de sesenta años sufre abuso; por este motivo, existe una efeméride (se celebra el 15 de junio de cada año) para ayudar a concienciarnos sobre esta triste lacra. Uno de los problemas asociados a estos lamentables escenarios es que la víctima no se atreve a denunciar los hechos por miedo a quedarse sola y desamparada. No obstante, en algunos países existen entidades privadas que velan por superar este tipo de situaciones. En Cataluña opera un equipo denominado EAVA (Equip d'Atenció a la Vellesa de l'Anoia), que desde el año 2015 y con la financiación de la Diputación de Barcelona está trabajando en la ayuda a ancianos vulnerables. El EAVA, desde su inicio, ha auxiliado a casi doscientos cincuenta ancianos. Las personas que se encuentran viviendo en estas condiciones merecen todo nuestro apoyo y compasión.

Son víctimas que se avergüenzan de los abusos ya que, muchas veces, estos los infligen seres queridos que están enfermos. Son ancianos que ven decaer sus ganas de continuar en el mundo; sienten como si la vida les hiciera culpables de haber llegado a la ancianidad; piensan que vivir la vejez de esta manera no vale la pena.

Capítulo 19

LA COVID-19 Y MASCARILLAS

La pandemia puso en evidencia la necesidad de un nuevo paradigma que permitiese a la sociedad cuidar de la gente mayor, así como la exigencia de una reflexión profunda capaz de implicar a la ciudadanía en todos sus niveles. Durante la primera oleada, una proporción considerable de las muertes por la COVID-19 ocurrieron en instituciones «para ancianos». Al comparar datos, se revela que «la familia», en similares condiciones, ha protegido mucho más a sus mayores. De entrada, el coronavirus mostró su rechazo hacia todo lo relacionado con las personas ancianas y, sin cesar y sin vacilación alguna, las iba eliminando, simplemente porque aquel maligno virus las consideraba material de desecho. De igual modo, el coronavirus provocó una gran desaceleración económica y ha sido responsable de millones de muertes en el mundo. Desde marzo del año 2020 han fallecido oficialmente a causa del coronavirus 23.000 personas ancianas residentes en geriátricos. Cuando leí esta estadística, lo primero que pensé es que muchos (no sé cuántos) de esos 23.000 también hubieran muerto como consecuencia de otras dolencias durante los meses de pandemia.

El 2 de marzo del año 2021, la Organización Mundial de la Salud publicó un informe en el que mostraba los hallazgos relacionados con el bienestar social y el acceso a los servicios de salud mental. Los datos fueron desarrollados por un equipo de investigadores liderados por la profesora Marit Sijbrandij de la Universidad de Vrije de Ámsterdam. En el informe se recalca que, durante el primer año de la pandemia, hubo un crecimiento significativo de problemas de ansiedad y depresión, y los servicios de salud mental han sido los más interrumpidos y afectados de todos los servicios de salud esenciales en la mayoría de los países analizados (todos ellos miembros de la OMS). Uno de los principales resultados es que se confirma un aumento de problemas de salud mental durante la pandemia en la población en general, si bien no se halló evidencia alguna de que el coronavirus hubiera podido incrementar la mortalidad por suicidio. Durante este periodo hubo un significativo aumento de problemas de depresión y ansiedad: miedo a la muerte, al contagio, a las preocupaciones económicas, a la soledad y el dolor por haber perdido a un ser querido... La pandemia perturbó especialmente el bienestar mental de los jóvenes, y también han sufrido mayor probabilidad de desarrollar problemas de esta índole las mujeres y las personas con enfermedades tales como el asma, el cáncer o los trastornos cardiacos.

En otro orden de cosas, quiero mencionar que uno de los cambios radicales que nos trajo la pandemia es que el número de usuarios de internet aumentó en algo más de trescientos millones de personas. Un hecho lleno de lógica: los que no podían asistir regularmente a sus puestos de trabajo por estar confinados y se quedaban en sus casas empezaron a usar internet y otras redes sociales. La COVID-19 condenó a muchos a trabajar en soledad en sus hogares, por eso, las pantallas de sus ordenadores se convirtieron en sus verdaderas amigas. Sin embargo, los grandes cambios anunciados por los expertos de la pandemia no han llegado, el mundo actual —el pospandémico— es idéntico al de siempre; solo se perciben algunas pequeñas diferencias: un mayor uso de internet, una bajada de dos años en la esperanza de vida en España y el hecho de que vemos menos gente asomada a los balcones de nuestros edificios.

No quiero acabar este capítulo sin mencionar que España fue el segundo país de la OCDE que dedicó más dinero de su gasto social para combatir la pandemia: el Gobierno habilitó 140.000 millones de euros para créditos a través del ICO, y 21.000 millones más para el erario público. Con el tiempo, cuando la letalidad de este virus fue menguando, la financiación estatal dirigida a dignificar los centros geriátricos de acogida empezó a flojear.

También quiero comentar mi aversión personal a las mascarillas. Sé de amigos de edades similares a la mía que comparten esta antipatía. Algunos de nosotros, desde hace bastante tiempo, empezamos a perder facultades auditivas, por lo que, al no poder ver los movimientos de los labios y quedarse las mascarillas con parte de los decibelios que emitían sus usuarios, conversar resultaba una ardua tarea en ciertas ocasiones. En general, la estética modernista del Palacio de la Música, con su platea llena de séniores con antifaces quirúrgicos transformando sus rostros de manera ostensible, quedaba negativamente alterada. En definitiva, un objeto que jamás añoraré.

Finalmente, y por fortuna, el 8 de febrero de 2023 las mascarillas dejaron de ser obligatorias en el transporte público, y su uso solo se seguirá recomendando en residencias geriátricas, farmacias y centros sanitarios.

Para mí, la desaparición de las mascarillas ha significado un cambio de ciclo, un revulsivo que nos permitirá tener en cuenta la más importante de las muchas enseñanzas que la pandemia nos ha dejado: la necesidad de fortalecer nuestro sistema público de salud tanto como se pueda.

Capítulo 20

LA MEMORIA

La memoria nos ayuda a construir el futuro, comprender nuestro presente y a revivir nuestro pasado. Cuanta más memoria atesora una sociedad, mejor entendemos sus miembros nuestra idiosincrasia y nuestros orígenes.

He querido dedicar un capítulo completo a ese tema, ya que, a los que caminamos por los arrabales de la senectud desde hace algún tiempo, la memoria empieza a jugarnos malas pasadas. La mayoría de los longevos recordamos a la perfección los hechos acontecidos durante la infancia, adolescencia y juventud, pero no sabemos dónde hemos dejado las llaves o el teléfono móvil y, en ocasiones, nos olvidamos de los apellidos de algunas personas. Con respecto a eso que digo de recordar con todo detalle las peripecias más antiguas de la vida, intuyo que, seguramente, también influye la cantidad de veces que nos referimos a ellas en conversaciones varias.

Un buen amigo mío que va perdiendo de manera alarmante la memoria siempre dice: «No hay mal que por bien no venga». Me cuenta, por ejemplo, que puede releer libros varias veces como si fuera la primera. Sin embargo, se entristece mucho cuando, en ciertas reuniones a las que asiste y hay algún conocido memorión que lo recuerda todo, él tiene que asentir ante ciertos datos cuando, en realidad, se le han ido de la memoria.

Lo acontecido en *El camp de les Corts*, donde yo asistía con mi padre para ver jugar al Barça de Ladislao Kubala (años 1950-1962) cada quince días, permanece en mi mente con toda clase de detalles. Del mismo modo, recuerdo a la perfección cada día de mis cursos en la Escuela del Mar y en el Instituto Ausiàs March, y puedo visualizar las secuencias de mis veraneos infantiles en Sant Boi de Llobregat con la gama completa de colores y anécdotas que los acompañaban. Igualmente, persisten de forma incólume en mi cabeza los gestos de mi amigo Tete Montoliu en el Jamboree de la plaza Real. Hablando de música y de noches barcelonesas, también recuerdo tocando el piano (no de igual manera que Montoliu) a Jaime de Mora y Aragón, el exótico hermano de Fabiola, la que en su día fue la reina de Bélgica, en el sótano del bar La Plazza, un establecimiento en la plaza de Cataluña que él inauguró durante los años sesenta y al que le hubiera gustado bautizar como «La hoz y el Martini», pero las autoridades del momento no se lo permitieron. Otro lugar que permanece intacto en mi memoria es El Metropolitano, un inmenso salón de baile muy conocido en Barcelona; algunos estudiantes universitarios que nos aburríamos en las fiestas que organizaban ciertas familias acomodadas de mi ciudad acudíamos allí puntualmente los jueves a las 17.30 horas. El Metropolitano estaba situado en la calle Consell de Cent (entre Casanova y Muntaner, lado mar) y presentaba una peculiaridad, abría los jueves a la hora que he apuntado, ya que esa tarde era cuando libraban las «sirvientas», las chicas que trabajaban *full time* en los hogares que antes he mencionado. Me gustaban las orquestas que allí tocaban, pero, por encima de todo, las chicas con las que bailaba (mayoritariamente gallegas) que, hartas de trabajar muy duro a lo largo de la semana, aprovechaban los jueves por la tarde para dejarse llevar por las avideces propias de su juventud y, olvidándose totalmente del apóstol Santiago, sabían saltarse a la torera muchas de las normas de aquella triste época. Ante la eterna pregunta «¿estudias o trabajas?», nosotros nunca dijimos la verdad; sabíamos que ellas no se fiaban de los universitarios, así que en el Metropolitano yo siempre fui fontanero.

El colmo de algo absurdo e innecesario que ha perdurado en mi memoria es el apellido inglés Westmore (un famoso maquillador de Hollywood de los años cincuenta). Cuando mis hermanos y yo íbamos a los cines del barrio de Hostafrancs (Las Arenas y el Bohemio) junto a nuestra abuela y *tieta*, veíamos aparecer en pantalla, antes de empezar la película, las largas listas de los nombres de los protagonistas, director, productor y otros muchos.

Entonces, mi hermano y yo jugábamos a adivinar el nombre que saldría al final de los créditos, justo a la derecha de *Make Up*. Los dos que aún permanecen en mi mente son: Ben Nye y Bud Westmore. La lista de mis recuerdos es tan larga que voy a dejar este asunto aquí.

Como ya he dicho antes, una gran mayoría de octogenarios que recordamos a la perfección los acontecimientos del pasado olvidamos las cosas sencillas que, repetidamente, acometemos a diario: cerrar la calefacción, apagar las luces, el lugar donde hemos dejado las llaves, el móvil o las gafas. Un ejemplo de esto último me ocurrió a finales del año 2022 en uno de mis restaurantes favoritos de Barcelona: el Taktika Berri. Era un mediodía soleado de octubre, y llegué al establecimiento montado en mi motocicleta y con mis gafas de sol. Desde que me operaron de cataratas las tengo que usar obligatoriamente, ya que el sol me deslumbra en demasía, por lo tanto, recordaba a la perfección que había entrado en el restaurante con ellas puestas. Al final de la comida y ya en la calle, un sol aún muy resplandeciente me recordó que debía ponérmelas, momento en el que me di cuenta de que no las tenía. Entré en el restaurante y se lo dije a la camarera que nos había servido; miramos encima de la mesa y allí no estaban; seguidamente, aquella amable empleada la apartó para comprobar si yacían sobre el suelo y constatamos que tampoco. Y, al despedirme de la camarera, ella empezó a sonreír a la vez que, con su dedo índice, señalaba mi pecho. La vergüenza fue mayúscula: allí se encontraban colgadas mis gafas.

Intuitivamente y sin ninguna base científica, he llegado a la conclusión de que nuestra maquinaria de grabar (ya muy arcaica) está algo deteriorada, y sus discos se encuentran saturados, es decir: llenos a rebosar.

Capítulo 21

EL AMOR

Antes de abordar este capítulo, transcribo unos preciosos párrafos del libro *El amor en los tiempos del cólera*, de Gabriel García Márquez. Una gran novela cuyo argumento narra el romance entre Fermina Daza y Florentino Ariza, en el escenario de un pueblecito portuario del Caribe. Estos pasajes, además de ser muy bellos y significativos, también explican a través de su prosa alucinatoria una realidad no siempre fácil de entender: una gran mayoría de los varones longevos continúan creyendo en el amor y, por consiguiente, aún desean a las mujeres; esto ocurre tanto si su «maquinaria sexual» permanece intacta como si ya se encuentra algo deteriorada. Los párrafos aludidos rezan así:

> Sin embargo, cuando logró dominarlo en el remanso perfumado del camarote, hicieron un amor tranquilo y sano, de abuelos percudidos, que iba a fijarse en su memoria como el mejor recuerdo de aquel viaje lunático. No se sentían ya como novios recientes, al contrario de lo que el capitán y Zenaida suponían, y menos como amantes tardíos. Era como si se hubieran saltado el arduo calvario de la vida conyugal, y hubieran ido sin más vueltas al grano del amor. Transcurrían en silencio como dos viejos esposos escaldados por la vida, más allá de las trampas de la pasión, más allá de las burlas brutales de las ilusiones y los espejismos de los desengaños. Más allá del amor. Pues habían vivido juntos lo bastante para darse cuenta de que el amor era el amor en cualquier tiempo y en cualquier parte, pero tanto más denso cuanto más cerca de la muerte.

Tal y como en su día defendió la Organización Mundial de la Salud, la sexualidad es un aspecto central del ser humano que está presente a lo largo de la vida. Al hablar de esta afirmación de la

OMS, vienen a mi memoria dos anécdotas. Hace un montón de años, en Sant Boi de Llobregat, mi gran amigo Pep Romeu (aparejador que trabajó en mi despacho durante toda su vida) fue al hospital a despedirse de su abuelo (apodado en catalán Pep *de l'hostal*), que estaba a punto de morirse, y lo hizo acompañado de su novia. Por aquel entonces, Pep Romeu tenía dieciocho años y su bella pareja diecisiete. Al instante de verlos entrar en la habitación, a su abuelo (un anciano de noventa y un años) se le iluminó el rostro, y les pidió que se acercaran a la cama. Así, manteniendo una cordial sonrisa, se pasó un largo rato ensalzando la belleza de aquella chica. Otro caso similar me lo contó Josep Domingo, un buen amigo con el que juego a pádel en el CNB. Dos días antes de la muerte de su padre (también muy mayor), fue a visitarle a la clínica donde lo atendían. Al entrar en la habitación, Josep se cruzó con la enfermera que lo cuidaba, y cuando mi amigo se acercó al lecho para besar a su progenitor, lo primero que escuchó fue: *Has vist quines mamelles?* (en castellano, «¿Has visto qué pechera?»). Al señor Domingo le faltaba muy poco para cumplir los ochenta. La popular letra de una de las últimas canciones del gran Joaquín Sabina («Siempre he querido envejecer sin dignidad. Aunque al fusil ya no le quede ni un cartucho...») parece apuntar en la misma dirección.

Estas dos anécdotas y la canción de Sabina, junto a muchísimos otros ejemplos, me han hecho llegar a la conclusión de que las mujeres *silver* manejan los asuntos sexuales, en general, con más equilibrio y sosiego. Siempre he intuido que, por lo común, sus cuerpos están mejor acoplados, es decir, reciben mensajes de deseo mucho más equilibrados. Supongo que esto ocurre así debido a sus específicas características biológicas; sin embargo, las mentes de los varones longevos continúan apasionadas y nerviosas, lo cual provoca a veces cierta desmoralización, pues a causa de sus cuerpos ya percudidos (un adjetivo que robo a García Márquez) no pueden cumplir debidamente en todas las ocasiones.

En definitiva, la mujer y el hombre se encuentran en el mundo con el objeto de amarse, ambos tienen la necesidad de sentir ternura y, para que esto surja de manera natural y espontánea, los cuerpos de las mujeres están diseñados con idea de procrear; son muy bellos, y tal hecho provoca que los hombres nos enamoremos de ellas desde pequeños, y que ya a muy temprana edad las deseemos con pasión. Esa fuerte emoción continúa existiendo hasta el final de nuestros días.

La respuesta sexual durante la vejez suele ser más lenta, pero es falso que el envejecimiento conlleve la desaparición del deseo o el fin de la actividad amorosa, simplemente es necesario encontrar el estímulo adecuado.

The Journal of Sexual Medicine, una prestigiosa revista belga, publicó en el año 2012 un estudio en el que se reflejaba la actividad sexual de los españoles en la tercera edad, con datos extraídos de una muestra que ascendía a casi dos mil personas. Los resultados tomados a mayores de sesenta y cinco años demostraron que la sexualidad está presente en las vidas del 37,4 por ciento de las mujeres y en las del 62,3 por ciento de los hombres.

Como dicen muchos expertos, la sexualidad hay que cultivarla y desarrollarla; su práctica no necesariamente tiene que estar centrada en el coito, sino en un modelo más extenso. Quisiera subrayar que, en eso del amor y el sexo entre un hombre y una mujer, entre dos hombres o bien entre dos féminas que se aman y se desean, las posibilidades son infinitas. Y un feliz ajuste entre ambos no necesariamente pasa por la tradicional e histórica erección masculina.

En esta última etapa de la vida, cuando los octogenarios ya no son demasiado ávidos en la mencionada tradición, pero tienen la posibilidad de amar, se las apañan con técnicas alternativas: ellos saben muy bien cuáles son. En el amor y el sexo se está toda la vida aprendiendo, ahí radica parte de su gracia.

Capítulo 22

LOS NIETOS

De mis cuatro abuelos, tan solo conocí a mi abuela materna. Era maestra y ejercía en el primer colegio al que yo asistí como alumno: la Escuela de la Alcaldía del barrio de Hostafrancs en Barcelona. Era una mujer muy seria, no se reía demasiado y, para mi gusto, excesivamente severa. Yo la quería porque sabía que era la madre de mi madre.

Mi abuela se jubiló a los setenta años, y se murió a los pocos meses después de una larga enfermedad, por lo tanto, no tuvo demasiado tiempo libre para dedicarse plenamente a sus nietos. Sin embargo, su hermana soltera, que también vivía en casa, fue un ser inolvidable para mí y mis hermanos, pues al no tener ninguna profesión específica siempre estuvo en casa y nos cuidó con total dedicación y amor. Nuestra *tieta*, como la llamábamos, significó mucho para nosotros y, desde mi punto de vista, ella fue la que desempeñó el verdadero papel de abuela. Al igual que yo cuando era nieto (el descendiente más joven), constataba que estaba integrado a un «grupo» determinado al mirar a mis padres y abuela, ahora que ya soy abuelo, al observar a mis hijos y nietos me pasa lo mismo: la fuerza de pertenencia a una tribu y a una familia aflora con rotundidad. Cuando tu papel es el de nieto —sabedor de muy pocas cosas—, la sensación aludida es absolutamente intuitiva, sin embargo, cuando miras en calidad de abuelo —entendido en numerosos quehaceres—, sabes muy bien que aquel sentimiento tribal se debe a que los padres transmitimos nuestros genes a los hijos, y así sucesivamente.

Estas dos maneras de mirar, la de la experiencia (ancianos) observando hacia atrás, y la del desconocimiento (niños y adolescentes) haciéndolo hacia delante, resultan interesantes de comentar. Los segundos ven la ancianidad como algo al margen de sus vidas; no alcanzan a imaginarse que ambas etapas están conectadas ni que algún día ellos también serán ancianos; es una cuestión que no les interesa, forma parte de este paquete inmenso de elementos del futuro, todos ellos rebosantes de misterio. Por lo tanto, para entrar en su mundo, esto es, para relacionarnos con los jóvenes, debemos ser cautelosos y entender que, a través de su ignorancia e ingenuidad, nos ven como personajes alejados de su mundo. Cuando estos niños son nuestros nietos, el tema cambia radicalmente, ya que, como he dicho anteriormente, entramos en sus vidas a través de sus padres. En pocas palabras, la relación que se establece con ellos presenta una singularidad: es una conexión sentimental. Los nietos, al constatar el apoyo incondicional de los abuelos y el calor de sus largos y cálidos abrazos, se sienten queridos, seguros y arropados; lo aprecian como un bonito regalo de la vida que tienen que agradecer, y lo hacen de la mejor manera: les desean larga vida para poder continuar disfrutándolos durante muchos años.

La primera fase de mi relación con mis nietos fue, como acabo de decir, muy emotiva. Ellos nacieron en Alemania y mi mujer y yo hicimos varios viajes para conocerlos. Pero los contactos más largos con ellos acontecieron durante los veranos, ya que ambas familias los pasamos en El Rompido (en la costa onubense). En aquellos primeros años, sobre todo cuando eran bebés, nuestra relación era simplemente sensorial, no existía conversación alguna y nos entendíamos a través de gestos y caricias. Estoy seguro de que hay otras relaciones entre nietos y abuelos más frecuentes (los que viven juntos o, simplemente, residen en la misma ciudad), pero este no ha sido mi caso.

Como digo, los nietos nos ven como la continuación de sus padres, y nos diferencian de los transeúntes y de los vecinos porque vivimos en su misma casa. Pero cuando nuestros nietos comenzaron a hablar, supuso un distanciamiento: en vez de acercarnos nos alejamos, ellos se comunicaban en alemán y nosotros en castellano y catalán. Durante aquellos veranos, los deportes que improvisábamos en la playa, los juegos con la cometa o los chapuzones y concursos de saltos en la piscina fueron las únicas herramientas de contacto. En la actualidad, hemos superado el problema lingüístico, ya que todos hablamos el inglés. No obstante, durante las Navidades, al observar a mis nietos siempre pegados a sus móviles y tabletas, advierto que las nuevas tecnologías, aunque nos ayudan a acercarnos cuando están lejos, también nos alejan cuando, juntos, pasamos algunos días en Barcelona.

El mejor regalo que he recibido de mis nietos es que quieren con locura a su abuela paterna. Sé que la adoran porque veo que la miran con amor. Saben que está enferma y le dan todo su cariño. La acarician al igual que mi mujer los acariciaba a ellos hace años. Son sabedores de que así la ayudan a subsistir. Ya sea en Barcelona, en Suiza o bien en El Rompido, al apreciar tanta ternura, me emociono.

Cuando mi conversación telefónica con alguno de mis nietos ha llegado a su fin y él o ella desean hablar con mi mujer, siempre dicen: «*Avi* (abuelo en catalán), ¿me pones con la *àvia*, por favor?». Y yo contesto: «Un momento, te la paso». La frase «Ponme con la *àvia*» solo la pueden pronunciar Linda y Noah, mis dos nietos. Estas dos simples palabras, *àvia* y *avi*, enaltecen mi vida.

Llegar a la vejez haciendo cosas nuevas, con salud y junto a mis nietos y el resto de los míos (aquellos que realmente me quieren) es lo que hace que valga la pena vivirla. Este sentimiento tan sencillo demuestra que la verdadera fortaleza de nuestra especie reside en la interacción y cooperación con los otros.

Con todo, y para concluir, quiero manifestar que las relaciones entre nietos y abuelos octogenarios son extraordinariamente diversas, pero, sin duda alguna, siempre exhiben tres cosas en común: percibimos nuestra pertenencia a la misma tribu, evolucionamos juntos y, además, comprobamos que nos queremos.

Es una verdadera pena que las tabletas y los móviles, artilugios con los que mis nietos aterrizan en Barcelona, nos roben más de una conversación. ¡Lástima!

Capítulo 23

LOS AMIGOS

En nuestras vidas, las amistades ocupan un lugar muy importante. Al llegar a la escuela y durante la infancia aparecen los primeros compañeros. Seguramente, las circunstancias que determinan que sean unos y no otros dependen de factores muy diversos: la mesa donde nos sentamos en el colegio, la inteligencia, la edad, el barrio en el que vivimos y, por supuesto, el instinto. La intuición emite pistas que nos indican quiénes son aquellos con los que conectamos. Ya lo dijo Cicerón hace muchos siglos: «El origen del afecto amistoso se encuentra en la atracción mutua que experimenten las personas de bien al encontrar en los demás una multitud de semejanzas». El hecho real es uno: con los amigos nos sentimos a gusto. Surge con ellos un aprecio mutuo, concretamos grupos con características similares y hasta llegamos a querernos.

Más tarde, al ir creciendo, entre aquellos amigos de la escuela hay unos pocos que perduran y cuya amistad conservamos durante toda la vida. Al final, cuando ya somos mayores, muchos de ellos se han quedado en el camino, llevándose consigo parte de nuestras vivencias comunes e incluso un pedazo de nosotros; siempre los he despedido con tristeza en algún tanatorio. Cada vez que esto ocurre, nuestro pasado queda afectado. Por eso en las conversaciones con los pocos que aún seguimos en el mundo siempre salen a relucir los ausentes.

El paso indefectible del tiempo provoca que el equipaje de amigos disminuya hasta extremos realmente alarmantes. Sabemos que esto nadie lo va a cambiar, por lo tanto, aceptamos que la existencia continúa con esas pocas amistades que nos quedan, y en según qué días, al levantarnos por la mañana, nos sentimos algo desabrigados.

Durante la juventud, el equipaje de compañeros es tan voluminoso que cuando un amigo se va nos siguen quedando muchos otros, pero pasados los ochenta años, los que quedan ya son muy pocos. Un par de días antes de la Navidad del 2022 asistí al entierro de José Mª Sen, uno de mis mejores amigos, y al llegar después a mi despacho sentí una soledad especial. Me dolía su ausencia y me entristecía el pensar que jamás podría revivir con él nuestras intimidades. Tenía la impresión de que nuestro pasado común se iba desvaneciendo y se alejaba hasta agonizar por completo. Percibí que pertenezco a un «grupo» que cada vez es más delgado (pues en estos momentos consta de muy pocas personas), y al irse «debilitando», por así decirlo, siento que mi vida empequeñece. Por eso, desde aquí, recomiendo mantener la hoguera de la amistad encendida. La tristeza, al revés que la alegría —que es autosuficiente—, necesita compañía. Siguiendo esta norma, una vez al mes, suelo reunirme a comer junto a tres amigos de edades muy similares. Normalmente, lo hacemos en el restaurante El Jardí de l'Abadessa, en la parte alta de nuestra ciudad. También desayuno cada miércoles con otros dos (uno de ellos muy joven) en la cafetería Forn de Sant Jaume, situada en la Rambla de Catalunya. Con un tercero tomo un cortado los viernes cerca del Parc de l'Escorxador, y los fines de semana me reúno con algunos otros.

Lo que no vale es verse solo una vez al año. Os pondré un ejemplo al respecto. Después de pasar juntos siete años académicos en la Escuela de Arquitectura de Barcelona, los compañeros de promoción que terminamos la carrera el mes de julio de 1966 nos reunimos a comer una vez al año en un conocido restaurante de la Ciudad Condal. Los encuentros iniciales estuvieron repletos de sorpresas, ya que nos dimos cuenta de que nuestros rostros se habían alterado de manera sustancial. Gafas, calvicies exageradas, algunas obesidades y miradas distintas nos habían transformado, a pesar de lo cual, al cabo de unos minutos, al ser nuestras voces y maneras de gesticular idénticas que antaño, nos fuimos reconociendo con cierta facilidad. No obstante, en la última reunión (noviembre de 2022) ocurrieron cosas nuevas: la asistencia fue muy exigua, solo acudimos quince personas y, si bien al llegar al restaurante identifiqué a cada uno de mis compañeros, durante la comida comprobé con asombro que un antiguo y gran amigo mío al que el azar colocó junto a mí en la mesa decía cosas inauditas: el tiempo había deteriorado su intelecto. Este hecho me produjo tanta tristeza que, con absoluta seguridad, sé que el próximo año no asistiré a este encuentro. Me limitaré a juntarme con mis amigos de siempre (ya los he mencionado), aquellos que veo muy a menudo. Después de lo acontecido en esta comida, mi reflexión es esa: a partir de cierta edad, las reuniones con compañeros (de escuela, instituto o universidad) para celebrar aniversarios u otras efemérides son muy arriesgadas. En ellas se gana muy poco y te entristeces mucho. Debemos entender que los cambios de todos nosotros (adolescentes, maduros y longevos) son muy variados y, además, no cesan nunca, es decir, de maneras muy distintas siempre estamos evolucionando; pensar que en estas reuniones podremos hablar con nuestros antiguos amigos como lo hacíamos antes es una verdadera quimera, ya nada sigue igual, simplemente somos distintos. Cuando éramos jóvenes, teníamos aficiones comunes, no obstante, con el paso de los años, la diversificación de nuestros objetivos y vocaciones se multiplica y, con el tiempo, nos hemos ido alejando. Tenemos que aceptarlo y limitarnos, sin acritud alguna, a recordar con cariño aquellas épocas del pasado en las que compartimos nuestras vidas con ilusión.

Si comparamos maneras de enfocar nuestro devenir por el mundo a través de sus distintas épocas (infancia, adolescencia, juventud, madurez y vejez) con la carta de un restaurante, veremos que en las tres primeras etapas tenemos suficiente con pocos manjares, ya que las vocaciones son escasas y muy concretas. En las dos siguientes, sin embargo, necesitamos cartas bastante más amplias para ser felices. Un ejemplo claro de lo que estoy diciendo ocurrió en Boston durante los años 1958-1960 (lo he contado ya en el Capítulo 5). Mis amigos y yo, con edades entre diecinueve y veintiún años, todos estudiantes de música en el Conservatorio, teníamos suficiente con un piano, una novia (o novio), un plato de espaguetis o una hamburguesa, y asistir a algún que otro concierto al mes. Sin embargo, al ir creciendo, las cosas se complican, ya que las necesidades aumentan y los escenarios también. Eso es lo que nos convierte en personas muy diferentes y, en numerosos casos, aquellas amistades que parecían eternas dejan de existir.

Durante la vejez, compartir nuestra existencia con los amigos que nos quedan es un placer exquisito. Somos similares, ya que hemos ido evolucionando en la misma dirección. Y como ya dijeron algunos sabios de la antigua Grecia, disfrutamos de la verdadera esencia de la amistad: una serie de aspiraciones, valores y creencias comunes. Conversar con estos compañeros es uno de los grandes placeres de la vejez; hablar con ellos es como dialogar con uno mismo. Haciendo un símil deportivo, diría que los filtros por los que hemos pasado nos han ido colocando en la misma división, es decir, mientras charlamos en las comidas aludidas con anterioridad y discutimos sobre multitud de asuntos, verificamos que no hay discrepancias de peso; en lo fundamental estamos de acuerdo en casi todo, ya que la vida nos ha llevado a creer en las mismas cosas y la entendemos y practicamos a través de inteligencias, ideologías y talentos, si no iguales, muy similares. Sin embargo, ahora que ya somos mayores y los deterioros físicos e intelectuales son numerosos, en las comidas anuales con compañeros de promoción las diferencias son demasiadas y pesan mucho más que las semejanzas.

Yo almuerzo algunas veces con Pep Viñoles, un entrañable amigo independentista al que quiero mucho y con el que compartí muchas horas de trabajo y diversión cuando éramos jóvenes. Con todo, estoy seguro de que sin el *procés* nos encontraríamos muchas más veces de lo que lo hacemos. No obstante, y lo digo con mucho orgullo, Pep y yo estamos demostrando que, a pesar de defender opiniones e ideas muy distintas respecto a Cataluña, hemos sido capaces de conservar nuestra amistad. Con otros secesionistas algo distintos a Pep no ha ocurrido lo mismo. En un principio nos citábamos con relativa normalidad, si bien por respeto al otro no hablábamos del tema. Pese a ello, aquella incómoda cortesía nos iba alejando lentamente y, al final, hemos dejado de vernos; esa sincera amistad y cariño que nos profesamos durante muchos años ya solo es un lejano recuerdo. Cada vez que confirmo lo que acabo de decir me invade una tristeza especial;

yo siempre he creído que los amigos significan nuestro mejor patrimonio, los que creen que no los necesitamos cometen un verdadero error.

Me sabe muy mal confesarlo, pero el procés ha separado a muchos amigos y ha puesto en duda aquella creencia general de que la amistad está por encima de las ideas.

Capítulo 24

SORPRESAS

En «Brecha generacional» (capítulo 13) hago referencia a los premios Nobel y galardones honoríficos (medallas, homenajes...) como una suerte de acontecimientos más propios de la vejez que de la juventud. Con ello quería poner de manifiesto que, si bien la mayoría de las sociedades modernas consideran a los séniores como un lastre, no se puede negar que, en la actualidad, muchos (tanto asociaciones diversas como individuos varios) han tomado conciencia del mundo de la ancianidad. Sin embargo, el resultado final aún es ese: se nos ha alargado la vida, pero nadie ha sabido llenarla de contenido. Por lo tanto, cuando a finales del año 2022, concretamente el día 13 de octubre, recibí la noticia de que la Junta de Gobierno del COAC (Colegio de Arquitectos de Cataluña) me había otorgado, junto a otros dos arquitectos, la medalla COAC/2022, la sorpresa fue mayúscula. En dicha notificación se especificaba que, por encima de todo, los miembros de la junta aludida habían valorado mi polivalencia, es decir, mis múltiples actividades y vocaciones culturales: arquitectura, docencia, pintura, literatura y música. Posteriormente, el día 14 de noviembre —la fecha en que se entregaron estos galardones—, la emoción fue enorme. No me extiendo más en este tema, ya que la arquitecta Sandra Bestraten, presidenta de los arquitectos barceloneses, lo explica a la perfección en su atento capítulo «Sobre el autor».

Pocos meses después, en enero de 2023, mientras estaba trabajando en las últimas correcciones de este libro, me topé con otra agradable sorpresa: recibí una llamada del Ayuntamiento de Cartaya, el pueblo de la provincia de Huelva en el que paso mis veraneos familiares desde hace más de medio siglo. La comunicación me anunciaba que, en un pleno municipal, había sido nombrado «hijo adoptivo de la localidad». Al terminar la conversación, me embargó un placer extraño y nuevo, una sensación muy parecida a la que experimenté en Chicago, cuando disfrutaba del viaje de fin de carrera y recibimos un telegrama de Barcelona que nos anunciaba el nombre de los que ya éramos arquitectos. Lo de acabar una carrera era sentir el gustazo del deber cumplido, el deleite de haber logrado un objetivo importante. Y ahora, durante mi vejez, al recibir esa inesperada noticia, esta complacencia especial revive otra vez en mis adentros y me hace sentir que he desempeñado una labor que Cartaya considera meritoria. Un premio que la gente mayor solo puede alcanzar a través de toda una vida, o algunos jóvenes, protagonizando heroicidades o gestas muy especiales. Sea como fuere, mi ilusión fue tremenda, y pocos días antes de desplazarme a Cartaya para recibir el galardón, redacté el texto que leería allí en señal de agradecimiento. Transcribo literalmente en este capítulo su contenido, y así los lectores entenderán dos cosas a la vez: mi verdadera historia con Cartaya y lo que una mención de este tipo significó para mí:

Alcaldesa, concejales de Cartaya, señoras y señores, amigos todos, muy buenas tardes:

Os aseguro que en estos momentos me encuentro con los mismos nervios y turbación de quien efectúa su primer concierto de piano en público. Por eso quiero rogaros que entendáis mi nerviosismo y emoción. Una emoción que fluye desde el corazón agradecido a quienes me habéis regalado esa maravillosa condición: la de «Hijo adoptivo de Cartaya».

Muchos de vosotros ya sabéis que mi profundo vínculo con Cartaya se origina a causa de una hermosa historia de amor: «Durante el verano del año 1967, en Sevilla, una ciudad bellísima pero algo incómoda en los meses de calor, en la que yo hacía las prácticas de las milicias universitarias, los fines de semana (huyendo de aquella canícula) me desplazaba al desaparecido camping *Catapum de vuestra costa para poder disfrutar de las brisas de este inmenso océano, y allí aconteció algo singular: apareció sobre la arena la mujer de mi vida, una onubense excepcional que me cautivó de inmediato. Así de simple y sencillo».*

Y, al año siguiente, de la mano de Mª Juana Hidalgo González (ya mi esposa), empecé a introducirme en vuestro territorio y en vuestra cultu-

ra. Lo más apasionante de esta actividad que llevo practicando con devoción durante más de medio siglo, que no pienso parar de ejercer y que empezó con aquella historia de amor entre dos veinteañeros, hoy culmina con un maravilloso premio en este «Jardín de las Hespérides», un tapiz de casas blancas rodeado de pinos y coronado desde lo alto de un cabezo rojizo por su emblemático castillo, en el que se han fraguado amistades íntimas que, lentamente, se han convertido en pilares imprescindibles de la arquitectura de mi existencia. Para mí, parafraseando al gran escritor italiano Claudio Magris, Cartaya ha pasado a ser una etapa y, a la vez, una morada del camino de mi vida: mi segundo hogar; donde, para colmo, se me galardona de esta manera tan singular, culminando así la antedicha historia de amor.

Por lo tanto, decir que me siento orgulloso de encontrarme aquí recibiendo este regalo es decir muy poco. La verdadera realidad de lo que hoy abriga mi corazón es muy difícil de expresar; lo es porque, a veces, hay sentimientos que, al proceder de sus profundidades más íntimas y recónditas, resulta casi imposible expresarlos con palabras.

A mi edad, cuando la medicina (con sus malditas flechitas horizontales) nos indica en las analíticas que muchas cifras no son las correctas, y que muchísimos seres queridos se fueron en los días perdidos del tiempo, este tipo de obsequios comportan toneladas de energía para continuar luchando contra los antipáticos indicadores. Sin duda alguna, esta distinción es algo grandioso que, además, simboliza una cualidad trascendental de la especie humana (una de sus señas de identidad más significativas): «Su vocación de avanzar en grupo».

Aquí, en este bello teatro, no solo sobresale la bondad de sus mandatarios, también prevalece su disposición hacia la diversidad y su generosidad para con todos nosotros: los galardonados. En este acto no hay dogmas preestablecidos ni intrigas superfluas; en él, y por encima de todo, aflora su absoluta y clara vocación social. Hoy, lo que nos une de verdad y sin fisura alguna a los aquí presentes es nuestro indestructible amor a Cartaya. Para ir concluyendo, una última cosa; yo, que durante mi vida he sido un viajero infatigable, y he tenido la fortuna de visitar y estudiar diversos lugares de este bullicioso mundo, puedo aseguraros, y así lo he consignado en mis escritos infinidad de veces, que la generosidad, las características específicas de su territorio y su impar belleza son las señas de identidad de este maravilloso pueblo que tanto queremos; por consiguiente, el que hoy sus autoridades me incorporen de derecho a él es un gesto que difícilmente podré agradecer de manera satisfactoria.

Para finalizar, quiero dejar constancia precisa de mi gratitud a la alcaldesa Josefa Inmaculada González Bayo y al resto de los concejales de Cartaya. Y con vuestro permiso, autoridades, también quisiera mostrar esta misma gratitud a dos amigos muy significativos en mi «largo trayecto cartayero»: el exalcalde Juan Antonio Millán y el profesor Antonio Mazo.

De corazón, muchas gracias a todos.

Cuando este libro sale a la luz, el evento mencionado ya aparecerá lejos, pero la lección de inteligencia que Cartaya dio durante esas dos deliciosas horas siempre perdurará en mi memoria. A lo largo de aquella noche estrellada de invierno en la Andalucía de poniente fui enormemente feliz y, al día siguiente, cruzando los distintos cielos azules de España para aterrizar en Barcelona, pude reflexionar sobre lo afortunado que había sido al vivir en directo aquella nominación. Pero, por encima de todo, percibí una felicidad especial al constatar que, al margen de guerras insensatas, corrupciones múltiples, locuras inexplicables, xenofobias terribles, quimeras imposibles y delitos inimaginables, la humanidad posee esa otra hermosa cara: la de la bondad.

Durante la noche, Macarena de la Torre, la bellísima cantante de Almonte, acompañada de un guitarrista talentoso, interpretó entre otras canciones *Volver*, ya saben, un tango inolvidable:

Sentir
que es un soplo la vida
que veinte años no es nada...

Capítulo 25
JUBILACIONES

Supongo que el interés en actualizar las pensiones es una pretensión lógica; los jubilados, esto es, la gente mayor, no debería perder su poder adquisitivo. Sin embargo, no todas las ideologías ven la solución de igual manera. Finalmente, el ministro José Luis Escrivá ha cambiado de criterio, y pactando con Podemos y contentando a la Unión Europea, ha presentado una nueva reforma de las pensiones. Su plan implica subir los costes a las empresas y calcular las pensiones a partir de los últimos veinticinco años cotizados o con veintinueve, excluyendo los dos peores. Los sindicatos se inclinan por la opción de apoyarla y, naturalmente, la patronal acusa al Gobierno de «voracidad recaudatoria».

El problema está servido, y todos lo entendemos a la perfección, tenemos una de las tasas de fecundidad más bajas y una de las esperanzas de vida más altas del mundo: «No hay suficientes trabajadores activos para financiar las pensiones de los inactivos». Aquí, tengo que confesar que, sin entender demasiado sobre estos temas económicos, en estos momentos estoy con la reforma de Escrivá. Se aprobó el día 30 de marzo de 2023, una solución que, como ya he dicho, cuenta con el aval de Bruselas, y que actúa básicamente para asegurar la estabilidad del sistema de pensiones; una reforma que no introduce recortes de gasto, sino un incremento de ingresos.

Desde mi punto de vista, para que esta reforma sea viable a medio plazo, y no genere correcciones inmediatas, el Gobierno tendría que asumir tres acciones: 1) impulsar políticas de apoyo a la maternidad; 2) lograr que nuestra economía genere riqueza y buenos salarios, y 3) ampliar la edad de jubilación a todos aquellos que lo deseen. Para que el lector entienda exactamente la dimensión del problema que estamos tratando, daré un dato que, seguramente, le ayudará: cuando en España se creó la Seguridad Social, la esperanza de vida media de una persona después de jubilarse era de aproximadamente cinco años, mientras que ahora es de 21,6. Lo que no vale para paliar esta grave contingencia es la desagradable declaración que hizo el japonés Taro Aso (un ministro de Finanzas) quien, en su día, y sin tapujo alguno, manifestó: «Para no arruinar al Estado, la gente mayor debería darse prisa en morir».

Durante los últimos años, y a pesar de tantas crisis, los pensionistas escasamente han perdido poder adquisitivo; sin embargo, los jóvenes han tenido que aguantar el peso de la nueva realidad. Este supuesto fallo —que, sin duda alguna, beneficia a los ancianos— contrasta con la advertencia del Fondo Monetario Internacional, que ya en el año 2012 alertó acerca de que la estabilidad financiera global debía considerar como un peligro la amplia longevidad de la población de muchos países. Actualmente, por cada ciudadano español mayor de sesenta y cinco años existen 3,3 de entre quince y sesenta y cuatro, y se calcula que ese 3,3 disminuirá a 1,7 en el año 2050. Dicha proporción —más pensionistas por contribuyente, es decir, más consumidores por trabajador— implica claros retos económicos. La gente mayor está provocando un cambio medular en la estructura del gasto público; al haber más demanda de pensiones, más consumo de recursos en hospitales y demás centros sanitarios, el dinero que el Gobierno recauda a través de impuestos y cotizaciones deberá reajustarse a estas necesidades nuevas.

Ya lo he dicho anteriormente, uno de los caminos para superar este difícil problema pasa por una prolongación de la actividad laboral en oficios y profesiones que así lo permitan. La jubilación, justificada con el pretexto de dar paso a los más jóvenes, o entendida como excusa para que las generaciones se renueven en instituciones y empresas, con el coste de prescindir de trabajadores con talento y experiencia demostrados, es un verdadero error; la creencia de que las personas longevas continúen por más tiempo en sus puestos de trabajo bloquea la entrada de jóvenes al empleo se debería abolir de manera urgente. Todos conocemos a investigadores, catedráticos, ingenieros, altos funcionarios e innumerables gerentes de empresas que, en plena lucidez y con gran experiencia en lo suyo, son «arrastrados» a una triste e improductiva inactividad por culpa de un retiro forzoso. El envejecimiento de un minero no es el mismo que el de un catedrático, ni el de un trabajador autónomo que el de un empleado estable de correos. Las características de sus cometidos, su estabilidad y seguridad son generadoras de situaciones distintas. Una de las razones para querer jubilarse de manera anticipada se debe a eso: mucha gente trabaja a disgusto.

Hace algún tiempo (marzo de 2023), al ver en los periódicos la fotografía de muchos parlamentarios franceses que, a la vez que cantaban *La Marsellesa* mostraban carteles donde rezaba *64 ans c'est non*, pensé lo mismo: en el país vecino hay muchos ciudadanos que no son felices al ir a su trabajo. En cambio, en España —supongo que también en muchos otros lugares— existe una gran cantidad de personas que seguiríamos activas laboralmente si nos dejaran; de muy jóvenes elegimos profesiones que nos apasionaban y, debido a eso, la jubilación es algo que nos ha puesto de muy mal humor, ya que nuestros empleos siempre nos han proporcionado felicidad. La lista de profesionales que podrían seguir trabajando después de la jubilación es interminable.

Debido a mis múltiples viajes a Nueva York he tenido ocasión de conocer numerosas compañías aéreas, entre ellas la desaparecida TWA (Trans World Airlines), una empresa ejemplar; cada cinco viajes a Nueva York (ida y vuelta), te regalaban uno. Pero esto no era lo más importante, su verdadero atractivo radicaba en el comportamiento de sus azafatas, mujeres que superaban los setenta años (todas ellas sumamente atentas y educadas) y que nos ayudaban a encontrarnos cómodos y seguros durante las ocho horas y media que duraba aquel viaje; el viajero podía percibir con claridad que a ellas les encantaba sentirse útiles, y también intuía que la TWA no las juzgaba por su edad, sino más bien por lo que eran capaces de aportar a la compañía. No hace mucho, cuando me enteré de que el escocés Fraser Stoddart —Premio Nobel de Química que pronto cumplirá los ochenta y dos años— fue fichado por los chinos para investigar, llegué a la conclusión de que en el tema jubilaciones, Estados

Unidos y la propia China tienen las ideas mucho más claras que Europa; ellos no miran la fecha de nacimiento, simplemente están pendientes de tu rendimiento.

Es por eso por lo que hay que aceptar de manera definitiva que «vejez», «ancianidad» o «longevo» ya no significan lo mismo que antes. En la actualidad, jubilar a maestros, profesores de institutos y universidades y a muchos otros a los sesenta y cinco años es un grave error, digan lo que digan millones de franceses.

Todos sabemos muy bien que hoy, debido a los fármacos y modos de vida modernos, dichos términos se refieren a otras edades. Mi abuela materna murió a los setenta años, edad que en la segunda mitad del siglo pasado se aceptaba como «adecuada para morirse»; el tiempo que coincidí con mi abuela siempre la vi vestida de negro. Los tiempos han cambiado; hoy, hay septuagenarios que actúan, se sienten y se visten de una manera muy distinta a mi abuela. Los ciclos vitales ya son otros; al alargarse la niñez y la adolescencia, la entrada a la edad adulta se retrasa, por lo tanto, considerar los sesenta y cinco años como la fecha del inicio de la vejez significa no haberse enterado de nada.

A buen seguro que costará solucionar el tema de las jubilaciones, un grave problema económico causado por un cambio estadístico brutal (pocos niños y muchos ancianos). Pese a ello, lo que sí sabemos es que la situación jamás se podrá enderezar con la idea del exministro japonés Taro Aso, sino más bien a través de la inteligencia, la sensatez, y los pactos. Desde mi punto de vista, la solución podría pasar por eliminar la edad de jubilación obligatoria. Así, imitando a la TWA, si permitiésemos que la vida laboral de los mayores que estén dispuestos a ello se ampliase, junto con programas inteligentes para incentivar la natalidad, podríamos sentar dos medidas básicas con ánimo de que los presupuestos públicos se liberasen un poco de la presión a la que, en la actualidad, están sometidos. En pocas palabras: debemos reducir el número de ciudadanos que solo gastan y no producen, e intentar aumentar el índice de natalidad.

Es fundamental que el Estado y las empresas superen su histórica rigidez en este tema y ganen en flexibilidad, solo de esta manera podremos elegir cuándo nos queremos jubilar. Los que aspiramos a seguir trabajando hasta que se nos pare el corazón y así aportar ingentes cantidades de dinero a la seguridad social, a través de un proceso de incentivos bien estudiado, podríamos compensar a todos aquellos que, al querer jubilarse antes de la edad establecida, aportan menos euros al sistema. Así, trabajando en diversas direcciones, podríamos ir solucionando un problema sumamente complicado.

En la actualidad, hay parejas de jóvenes que viven felices sin tener hijos o cohabitar; se juntan los fines de semana, pero luego residen cada uno en su propia vivienda. Digo esto para recordar que las necesidades de las personas con estas características son distintas, ya que ven su futuro de forma diferente al de un padre de familia tradicional. Cualquiera de ellos, habiendo cotizado más de veinticinco años a la Seguridad Social, se conformaría con una pequeña cantidad de euros mensuales para subsistir al llegar a los cincuenta años, pero con la condición de poder entrar legalmente en otros campos profesionales distintos. Estoy hablando de personas que necesitan cambiar de aires (ciudad, actividad laboral...) y así poder descubrir nuevas facetas de la vida.

La mayoría de los lectores ya habréis captado que mis reflexiones sobre la vejez se han iniciado tratando conceptos muy amplios (libertad, diversidad, alternativas, intransigencia, información, tiempo...), y que han terminado con detalles personales sobre nietos y amigos. Es decir, empecé con temas que tenía bien estudiados y he concluido con otros que iban saliendo sobre la marcha. Mi última elucubración ha sido acerca de la palabra jubilación; este vocablo procede del latín *iubilare*, que implica alegría, por lo tanto, para ser respetuosos con su significado tendríamos que intentar que las circunstancias que rodearan a los ciudadanos a partir de su jubilación no generasen ningún tipo de tristeza. A lo mejor, para no entrar en contradicción con la etimología, los ingleses, franceses, italianos y portugueses fueron algo más cautos; este periodo de nuestras vidas lo apodaron, respectivamente: *retire, retraite, la pensione, se aposentar*. Desde mi punto de vista, la palabra más ajustada para referirnos a este periodo de nuestra existencia sería liberación, un vocablo que nada tiene que ver con alegría o retiro. Al igual que podemos ajustar nuestros móviles a distintos modos (avión, una mano, emergencia...), a la ancianidad (concebida como el periodo de tiempo que va desde la jubilación hasta el último día de nuestra existencia) la deberíamos entender como la parte de nuestra vida que está en modo liberación. Así dejaríamos claro definitivamente que la jubilación no siempre implica retiro (no hacer nada) o alegría (ser feliz); simplemente, el que deja de trabajar por ley a los sesenta y cinco años y recibe una pensión del Estado podrá decidir qué hacer con su futuro: mirar cómo van progresando las construcciones de su barrio, jugar al dominó con los amigos, dar comida a las palomas del parque, estudiar una carrera, viajar, renunciar a la pensión y volver a trabajar de nuevo, etcétera. El liberado (antes el jubilado) podrá disponer sobre su futuro al igual que escoge el menú que más le apetece en el restaurante. De esta manera, y por primera vez, podríamos escuchar conversaciones como la que consigno aquí:

—Hola, Pepe, ¿cómo estás?

—Muy bien, Juan, la semana pasada me «liberé» —contesta el primero.

—¿Qué harás ahora? —le inquiere Juan.

—El próximo octubre empezaré la carrera de Medicina; siempre me ha hecho mucha ilusión ser médico —le contesta un Pepe esperanzado.

Para muchísimos séniores, la jubilación actual (la que en España empieza a los sesenta y cinco años) no significa la conclusión de nada, al contrario, es el inicio de una unidad de tiempo muy bella: la segunda oportunidad que nos da la vida. Entrar en el periodo de «liberación» puede representar para muchos una segunda vuelta, es decir, el inicio de una nueva vida, y para los que lo deseen, unas larguísimas vacaciones. No quiero resultar pesado, pero creo que la segunda opción, la de las vacaciones para terminar el ciclo vital, se consideraba absolutamente entendible en las épocas en que era normal morirse entre los sesenta y setenta años, no ahora en que nuestras vidas se alargan hasta pasados los noventa, y en buenas condiciones.

Resumiendo, el tema de la «jubilación» o «liberación» es muy complejo, y cada día que pase lo será más por la sencilla razón de que el número de ancianos no cesa de crecer. No obstante, nadie tendría que olvidar que la jubilación no es una obligación, es un derecho; por lo tanto, en un asunto tan importante como este, las ideas nuevas (aunque de inicio parezcan descabelladas) no se pueden desechar de entrada, lo más correcto es analizarlas.

Al margen de lo que ocurra al respecto, aconsejo lo que empecé a practicar desde hace varios años: ahorrar lo máximo posible antes de entrar definitivamente en la vejez. Me lo inculcó mi abuela cuando yo era un niño y ella estaba a punto de jubilarse.

Capítulo 26

EL TESTAMENTO

Este capítulo está aquí para intentar esclarecer algunos asuntos referentes a las leyes y normas establecidas en relación con las herencias. Conocer ciertas disposiciones al respecto no ocupa lugar y, a veces, pueden ayudarnos a tomar decisiones correctas.

Antes de continuar, os pondré un ejemplo que nada tiene que ver con la legislación española, pero que considero interesante exponer aquí. Mi mujer, andaluza de nacimiento, durante muchos años hablaba a menudo por teléfono con su padrino, un onubense nonagenario residente en Burdeos, viudo sin hijos y jubilado desde hacía bastante tiempo. Eran conversaciones íntimas llenas de fraternidad que siempre acababan igual:

—Juana, ¿necesitas dinero? —le preguntaba su padrino.

—No, no... pero muchas gracias. No lo preciso en absoluto; ya te lo he dicho en repetidas ocasiones —le contestaba mi mujer con cariño.

Cierto día, al finalizar con este tema, su padrino le explicó que empezaba a sentirse muy mayor (por aquel entonces ya había cumplido los noventa años) y que pensaba ir al notario para redactar su testamento. Le comentó que la quería muchísimo y que había ganado bastante dinero apostando en las carreras de caballos (un tema que le apasionaba), dando así a entender que a la hora de testar la tendría en cuenta.

Al cabo de un par de semanas, una muerte súbita se lo llevó de este mundo y, por razones que desconocemos, resultó que su padrino jamás llegó a hacer la susodicha visita al notario. Una vecina que tenía las llaves de su piso lo encontró sin vida en la cama y nos llamó enseguida para darnos la desagradable noticia. Finalmente, el Gobierno francés se quedó con el 40 por ciento de sus ahorros, y el otro 60 por ciento pasó directamente a los hijos adoptivos del único hermano que tenía el padrino de mi mujer (también fallecido).

Desde aquí recomiendo a todos los ancianos que posean alguna propiedad (piso, apartamento...) o ahorros en su banco o caja que hagan testamento. Dejarlo para mañana conlleva ciertos riesgos: estamos en el último capítulo de nuestras vidas, y esta visita que deseamos que no llegue nunca puede llamar a la puerta en el momento menos esperado.

Los regímenes de sucesiones, es decir, lo que deberán pagar nuestros hijos al heredar lo que les dejemos, son muy distintos en España por tratarse de reglamentaciones que sistematiza cada autonomía a su manera. En Cataluña, el injusto impuesto de sucesiones es, además, uno de los más elevados, por lo tanto, no estaría de más que, en vida, los padres (ya ancianos), ayudados por algún profesional competente en la materia, hiciéramos una estimación del coste que nuestra herencia les supondrá a nuestros hijos. Después de una larga vida pagando gravámenes religiosamente (patrimonio, renta de las personas físicas...), no sería inteligente despistarse al final y no ir al notario a dar poderes a alguno de nuestros descendientes, o simplemente olvidarse de hacer el correspondiente testamento.

Que no nos ocurra lo de aquel onubense residente en Burdeos: el padrino de mi mujer.

Capítulo 27
DECEPCIONES

Me ha parecido más sensato hablar de decepciones al final del libro, ya que, en el caso de que a estas alturas el tema ponga de mal humor a algunos, el lector ya será consciente de las cosas positivas que conlleva la vejez.

Cuando no se cumplen las expectativas que uno aguarda o algo no se desarrolla de acuerdo con lo que se esperaba, decimos que estamos «decepcionados». Dicho esto, antes de exponer aquí algunas de mis decepciones, quiero aclarar lo siguiente: al igual que pasa en la bolsa y en otros muchos contextos, lo que realmente importa es el resultado final; si la diferencia entre las acciones que suben y las que bajan es positiva, el inversor es feliz. Pues bien, en la vida ocurre exactamente lo mismo. Al comparar cuanto me rodea hoy día con las circunstancias y elementos que envolvían mi juventud, el resultado es atronador, no hay duda al respecto: ahora se vive muchísimo mejor que antes. No obstante, el hecho de que nuestra calidad de vida actual haya avanzado tanto no debería ser óbice para comentar todas aquellas cosas que nos continúan decepcionando.

En «Vejez y libertad» (capítulo 3) decía que: «La vejez implica una libertad de acción difícilmente alcanzable en otras etapas de la vida». Y en el capítulo 9 también manifestaba que: «La experiencia es el conocimiento que se adquiere al realizar una actividad en repetidas ocasiones (dar clases, interpretar a Scarlatti, cultivar lechugas, hacer tortillas de patatas...), y aparece normal mente durante la vejez». Creo que las dos cosas son absolutamente ciertas, y ambas cuestiones juntas (libertad y experiencia) son las causantes de que esté dedicando todo un capítulo a narrar mis decepciones. La libertad absoluta que rodea mi ancianidad desde hace varios años me ha convertido en un ser irrevocablemente sincero.

Lo que yo percibo a diario al incorporarme a la vida tiene varios registros, y llegan a mi mente mezclados a ultranza: los eventos a gran escala (un globo espía chino sobre Estados Unidos; las declaraciones populistas de Trump; el conflicto entre Israel y Palestina…); los sucesos a nivel europeo (la guerra de Ucrania, Putin rompiendo pactos sobre ensayos nucleares o *Écoutez la colère du peuple*, que es lo que rezaba recientemente una injusta pancarta dirigida a Macron en París, un político que lo único que pretende es subir a sesenta y cuatro años la edad de jubilación de los franceses…); las contingencias a escala española (Tamames y Vox censurando al Gobierno, la «Ley del solo sí es sí» y la famosa amnistía de Sánchez, por supuesto); los de grado catalán (los pagos millonarios del Barça al señor Negreira, el serial Laura Borràs y la lucha titánica entre ERC y Junts, ¡cómo no!); los barceloneses (ejes verdes, inseguridad, y limpieza); los de mi barrio (con sus calles llenas de colores, y ruidos de bomberos); y, finalmente, el registro familiar, lo que le ocurre a mi mujer, que está sufriendo una injusta y cruel condena: la enfermedad de Parkinson. El sumario de todas esas noticias, es decir, la nota media de todas ellas juntas, genera en mi mente un profundo desencanto.

Al ver a través del televisor las labores de rescate para salvar a niños que yacían bajo los escombros de edificios turcos desplomados por culpa de un enorme terremoto, el desconsuelo que me invade es muy distinto al que sentí al advertir imágenes similares en alguna ciudad ucraniana, donde la perturbación no proviene de un inesperado fenómeno sísmico, sino que emana de la maldad humana. Otras veces, y sin que medie malicia alguna, la parcialidad en la manera de actuar de algún familiar o amigo nos desalienta y aflige. Recientemente, el día anterior al entierro de una sobrina mía —una mujer muy joven a la que yo quería mucho—, entregué a mi hermano (el padre de la fallecida) un pequeño escrito para que alguien de la familia o el mismo sacerdote lo leyera a la mañana siguiente (el día de la ceremonia); sin embargo, su mujer se opuso de manera concluyente. Una negativa que no solo me partió el corazón, sino que, al no entenderla, me provocó una enorme inquietud. Al día siguiente, mi hermano (que siempre ha sido una bellísima persona y, además, al conocerme muy bien, sabía de mi enojo) se acercó hasta mí para decirme que leerían mi alegato en la reunión familiar que tendría lugar al mediodía, después de la ceremonia, en un restaurante de Barcelona. Muy desanimado, le comenté que yo no podría asistir, ya que tenía que estar en casa cuidando a mi mujer. Al terminar el sepelio, regresé a mi domicilio rememorando a mi sobrina, y volví a pensar en esas palabras que anhelaba dedicarle de manera íntima en el tanatorio, y que ahora serían leídas en un restaurante, posiblemente rodeadas de frases del tipo: «Arturo, ¿puedes pasarme el queso, por favor?».

Por lo demás, y volviendo al tema de la situación de nuestro mundo, tal y como algunos lectores recordarán, tuve la suerte de residir dos años de mi juventud lejana en Boston (1958-1960), y allí pude comprobar la fortaleza de la democracia estadounidense. Eran tiempos oscuros en España (el franquismo campaba a sus anchas), por lo que, al comparar mi país de origen con lo que yo iba descubriendo en Estados Unidos, me di cuenta de su enorme grandeza, por lo tanto, cuando, el día 6 de enero del año 2021 (festividad de los Reyes Magos en España), vi en el televisor el asalto al edificio del Capitolio en Washington, mi corazón fue presa de una especial desazón. Y, cada día, cuando recuerdo todos estos hechos juntos, constato una vez más que entrego a mis nietos un mundo tecnológicamente muy avanzado (aviones y trenes muy veloces, grandes logros en el campo de la medicina, internet, telefonía, informática...), pero lleno de mentiras, xenofobias, populismos, sueños imposibles desvaríos varios y guerras atroces que, como siempre, tienen su origen en el poder, la ignorancia y el dinero. Sociedades con tremendas desigualdades y contradicciones que parecen haber llegado para quedarse y que desaniman a nuestra juventud más despierta. Por eso, desde estas líneas, aconsejo a todos los jóvenes que no se desesperen ni aflijan al leer este capítulo; el pesimismo jamás ayuda. La solución pasa por frecuentar los lugares en los que imperan la inteligencia, la honestidad, el sentido común y la generosidad, allí es donde emergen las ideas para construir una sociedad mejor.

Solo así, trabajando con cordura e integridad,
podremos transformar el mundo
en que nos ha tocado vivir.

Capítulo 28

VEJEZ Y MUERTE

En las primeras páginas de este libro (en «Introducción del autor») he consignado unas bellas líneas al respecto de la vejez que redactó en su día la escritora Ana María Matute (1925-2014). La aludida novelista española se refirió a ella de manera inteligente y en estos términos: «Es un deterioro lento, insidioso, pero imparable. Sin remedio alguno. Y no hay un día fijo en que empiece la vejez». Y ahora, al volver a leer eso de que no hay una fecha fija, incluso a sabiendas de ser pesado, quisiera insistir en ello: identificar el periodo denominado «vejez» con el tiempo que transcurre desde el día de nuestra jubilación (sesenta y cinco años) hasta el de la muerte no es un acierto.

Los octogenarios del siglo XXI lidiamos con la vejez con mejores herramientas que los ancianos de épocas pasadas, principalmente las relacionadas con la medicina (la gratuidad del sistema sanitario conseguido con la democracia), la farmacología o los servicios y la comunicación, que nos están ayudando de manera excepcional. En la actualidad, si un ciudadano llama al teléfono 061, al poco rato una ambulancia recoge al enfermo en su domicilio para trasladarlo a un hospital y, desde allí, una vez realizado el diagnóstico, se le interna en algún centro sanitario de la ciudad donde haya camas libres. Hace un tiempo estuve en la habitación 610-B del Hospital Sagrat Cor de Barcelona acompañando a mi mujer, un hospital universitario excelente; le curaron la infección y, a los tres días, volvíamos a nuestro hogar. En el mencionado centro, los numerosos artilugios médicos, los doctores, las enfermeras, los subalternos y todos nosotros —los familiares de los pacientes— formábamos un equipo compacto. Nuestros largos silencios nada tenían que ver con la desazón, al contrario, encarnaban la esperanza.

Envejecer rodeados de los adelantos del siglo XXI es muy distinto a haberlo hecho en tiempos pasados. Por eso, los mayores de hoy aparentamos en general ser más «jóvenes» que los de las generaciones anteriores, pues a la misma edad nos conservamos mejor y nuestras capacidades físicas y cognitivas son más relevantes. Un estudio realizado en Finlandia ha puesto de manifiesto una cifras sumamente interesante: mujeres y hombres de setenta y cinco y ochenta años, nacidos y evaluados con veintiocho años de diferencia, revelan que los ancianos actuales caminan algo más rápido, son capaces de coger objetos con una fuerza entre el 5 y el 25 por ciento mayor, la funcionalidad de sus rodillas es entre el 20 y el 47 por ciento más elevada y, además, poseen al menos un 14 por ciento más de capacidad pulmonar, mayor desenvoltura en sus razonamientos y una locuacidad más amplia. Una gran parte de los estudios europeos de prestigio en relación con este tema coinciden en afirmar que los septuagenarios y octogenarios son capaces de desempeñar más prácticas de las que llevaban a cabo las personas de esa misma edad hace unas décadas atrás. Hace treinta años era muy raro encontrarse esquiando a alguien de setenta años, y ahora los hay a montones en las pistas de todo el mundo; también practican *windsurf*, montan en bicicleta, juegan a pádel, participan en carreras de atletismo y se ejercitan en muchos otros deportes. Pues bien, si entendemos eso, que los ancianos actuales son muy distintos a los de otras épocas, también tenemos que comprender que las diferencias entre nosotros son múltiples. En tiempos en los que la medicina no tenía el nivel actual se podían hacer comentarios como el que ahora contaré. A finales del siglo pasado, cuando mi hijo Jordi se instaló en Stuttgart después de casarse con una alemana, la abuela de esta —una mujer nonagenaria con dos guerras mundiales a su espalda, amplia experiencia y la cabeza muy clara— le comentaba eso: «Mira, Jordi, en la vida se repiten muchas cosas, al final, acabas del mismo modo que empezaste. Te consuelan cuando lloras, te enseñan a caminar, te asean si te lo haces encima y, con una cuchara, te alimentan debidamente y con mucho cariño».

Estas sugestivas apreciaciones nada tienen que ver con lo que dijo Yusuke Narita, un profesor de Economía de la famosa Universidad de Yale, manifestó que había dado con la solución al problema de la crisis económica que acompaña el envejecimiento en Japón (su país de origen), se me puso la piel de gallina. El susodicho economista aboga por un suicidio masivo de ancianos; los alienta a hacerse un *seppuku*, la antigua práctica de los guerreros samurái que consistía en rajarse el vientre con un puñal (el también llamado harakiri). Esta aberrante solución, similar a lo que adoptó Adolf Hitler exterminando a millones de judíos simplemente porque le sobraban, es portadora de dos mensajes: el primero es su infinita amoralidad; el segundo, su desgarradora frivolidad. Ya sé que, por lo común, el ser humano tiende a negar todo aquello que no le gusta, y que, en la actualidad, al enaltecer de manera tan desmesurada a la juventud acabamos tratando por oposición a la ancianidad como si esta fuera una pandemia, pero espero y deseo que Yusuke Narita se aleje cuanto antes de aquella prestigiosa universidad. Un docente con estas ideas tan desequilibradas puede contagiar a muchos estudiantes. La película *Plan 75* de la directora japonesa Chie Hayakawa va en la misma dirección; un filme en el que su base argumental es el programa que se propone a los mayores de setenta y cinco años: se les entrega una cantidad de dinero y unas atenciones finales a cambio de que den un carpetazo a su vida. Es decir, algo similar a lo del profesor Narita, pero, esta vez, en el cine (sin cuchillos y a cambio de dinero).

Al margen de esas alarmantes propuestas japonesas, la investigación científica ha permitido descubrir algunos de los procesos biológicos que se producen en nuestro organismo cuando envejecemos. Por ejemplo, hoy ya sabemos que la concentración en sangre de taurina disminuye con la edad; el nivel de este aminoácido en una persona anciana puede llegar a ser de hasta un 80 por ciento menor que el de un joven; por lo tanto, en el momento en que la ciencia pueda ayudar a que nuestros cuerpos ancianos produzcan más taurina, las posibilidades de vivir más y mejor aumentarían, y aquella frase de Matutes («Se va uno hacia la vejez despacio, sin apenas sentirlo, sin saberlo, sin edad concreta») cada vez tendría más valor.

Respecto a la segunda parte de este capítulo (la muerte), antes de contar cómo se despidió mi madre de todos nosotros —los familiares que la rodeábamos—, me gustaría decir dos cosas al respecto. La primera es que tengo la sensación de que la muerte se ha convertido en un tema tabú en la cultura de los países más civilizados del mundo. Sería muy bueno que se hablara de ella en los colegios, que se enseñara a los niños y a los adolescentes que la muerte es un hecho inevitable y destacado de nuestra existencia, que a todos nos llega el momento de despedirnos de este maravilloso mundo y, por lo tanto, tendríamos que estar preparados para ello. Pensamos muy a menudo sobre la muerte, pero hablamos muy poco de ella. ¿Tiene algún sentido eso? Tal y como refiero en el Epílogo de este libro, personalmente yo no le tengo ninguna aprensión, me gustaría morir, simplemente, sin molestar demasiado. Si se tuviera en cuenta mi recomendación (hablar de la muerte en los colegios, academias, institutos y universidades), seguramente nos tomaríamos más en serio la vida. Digo esto a consecuencia de haber leído una frase del gran periodista español Ramón Lobo —un insigne e inolvidable corresponsal de guerra— pronunciada poco antes de morir y que rezaba así: «La muerte es un problema si no has vivido».

El recuerdo de los últimos días de la vida de mi madre perdura intacto en mi memoria, los viví muy de cerca y aprendí mucho de ellos. Efectivamente, mis hermanos (Montse y Francesc) y yo hicimos posible que la muerte de nuestro padre Magín, y después la de nuestra madre Mercedes, fueran lo menos traumáticas y dolorosas posible. Esta última, mi madre, quería morirse en su hogar, en su cama de siempre. Pues bien, después de no poder superar su segundo cáncer, la trasladamos del Hospital Clínic de Barcelona a su casa (en la calle Valencia 16, donde yo también tenía mi despacho de arquitectura). Y allí, acompañada de hijos, nueras, yerno y nietos, falleció al cabo de unas pocas semanas. Contratamos a tres enfermeras que cada ocho horas se relevaban, por lo que así, bien cuidada y recibiendo a diario a familiares, vecinos y amigos, y sabiendo que yo me encontraba trabajando bajo aquel mismo techo, se fue de este mundo de muy mal humor, pero con las máximas atenciones y rodeada de sus seres queridos. La conocíamos muy bien y sabíamos que no hubiera soportado la estancia en residencia alguna.

Mi madre vivió cada uno de los momentos de su vida (tanto en las épocas difíciles como en las más llevaderas) con gran intensidad y pasión. Nos quería mucho, y sabía que nosotros la adorábamos. Siempre se lo había pasado bien y jamás perdió sus facultades mentales. Fue una mujer creyente, inteligente y muy trabajadora; vivió con el afán de mejorar el mundo, leyó una infinidad de libros y sabía que envejecer y morir eran los dos argumentos finales de la vida; una intelectual que supo lidiar con sus enfermedades, aunque la llegada de la muerte le dio mucha rabia. Ella conocía muy bien los avatares de la vida, pero acerca de la muerte lo ignoraba todo, motivo por el cual, incluso siendo tan creyente, prefería continuar viviendo. Lo sé porque los últimos diez minutos de su existencia apretó con fuerza mi mano derecha, y percibí muy bien lo que ella sentía en esos momentos: no quería dejarnos. Por eso me quedé perplejo cuando, años después de esa triste experiencia, leí en una columna del *The New York Times* lo que decía la doctora Sunita Puri: «Para poder hablar con sinceridad sobre la muerte y prepararnos realmente para ella, primero debemos entender por qué esperamos que los moribundos nos muestren que han aceptado su destino». La doctora Puri (graduada en la Universidad de Yale y becaria en medicina paliativa en Stanford) es autora del libro *That Good Night,* una obra aclamada por la crítica mundial y encaminada a ayudar a pacientes y familiares a redefinir lo que significa vivir y morir bien frente a una enfermedad grave. En definitiva, una experta en «normalizar» las conversaciones sobre la muerte y contar historias sobre lo que la calidad de vida y morir con dignidad pueden significar para los pacientes en sus últimos momentos.

Cuando mi madre se estaba muriendo, lo único que yo esperaba y deseaba era que dejara de sufrir, que su agonía se terminara lo antes posible. Jamás sentí anhelo alguno por la idea de que ella aceptara su destino durante aquellos momentos tan tristes, y entendí a la perfección que le molestara morirse. Conocía muy bien a mi madre y, como acabo de comentar, era una intelectual que sabía muy bien que envejecer y morir eran dos hechos inevitables, pero en su caso, al ser una mujer muy sincera y espontánea, cuando constató con absoluta seguridad que la muerte estaba allí y que se la llevaba, separándola de todos sus seres queridos, se puso de muy mal humor. Aquel triste día, mis dos hermanos y yo quedamos en paz con nuestras respectivas almas, ya que habíamos hecho lo que ella deseaba. Por lo tanto, y a sabiendas de que la mayoría de las veces el cuidar a enfermos terminales es muy difícil, caro y doloroso, hacerlo de manera adecuada conlleva una enorme ventaja, queda para siempre en tu interior una sensación muy bella: la del deber cumplido.

El caso de la muerte de mi madre no es generalizable por un motivo muy singular: su cerebro estaba en perfectas condiciones. Aceptar nuestro destino es un acto intelectual, pero cuando la muerte se presenta de forma definitiva, nuestro instinto de conservación de la especie siempre aflora y nos hace reaccionar de muy distintas maneras. ¿Existe alguien que no pueda entender eso?

Supongo que, en numerosísimos casos, los enfermos terminales, ya muy cansados y con pocas fuerzas en sus cuerpos, se mostrarán mucho más relajados que mi madre, y en consecuencia, lo más normal es que su débil y precaria salud sea la responsable de que se despidan de este mundo de manera sumisa.

Independientemente de que la muerte puede aparecer en cualquier época de nuestras vidas, en la mayoría de los casos siempre se presenta como culminación de la vejez; un hecho natural que todo el mundo entiende. Con esta incisiva definición: «Es un deterioro lento, insidioso, pero imparable...». Matute nos ayudó mucho: abrió la puerta a la lógica; y con las necrológicas que leemos en nuestros periódicos percibimos esa realidad a diario. Sin embargo, antes de terminar este apartado en el que he mezclado vejez y muerte, me gustaría subrayar un hecho importante:

La gran tragedia no es la muerte, la gran tragedia radica en ciertos procesos de envejecimiento que, al ser absolutamente injustos y crueles, producen dolor, tristeza y agotamiento, no solo en las personas que los sufren, sino también en sus familiares.

Capítulo 29

DECÁLOGO

Sin seguir ningún orden establecido y en forma de decálogo, en este capítulo explicaré algunas de las normas de conducta que, a través de los años, he ido siguiendo como anciano al notar que daban buenos resultados.

1. DIETA

Recién cumplidos los ochenta y tres descubrí que evitar la cena funcionaba; al día siguiente me sentía pletórico. Por lo visto, si comes menos, se originan cambios que favorecen nuestro metabolismo de manera considerable. Por la noche, antes de ir a la cama (entre las diez y media y las once), ingiero una manzana o bien un yogur con dos o tres nueces (un fruto seco estupendo que contiene mucho selenio) o, simplemente, un poco de gazpacho que haya sobrado al mediodía; para terminar, y como postre, siempre bebo un vaso de agua. Así, al tener completamente hidratado el cuerpo, el cerebro no tiene que suplir ningún tipo de deshidratación y durante el sueño podrá restaurar tranquilo toda su capacidad. De igual modo, he eliminado de mi dieta los alimentos grasos y el azúcar, y solo como pan en el desayuno, en forma de tostadas de pan integral con aceite de oliva. La única comida copiosa (sin exagerar) es la del mediodía, durante la cual, siguiendo unas antiguas instrucciones de mi gran amigo el doctor Rozman (hoy ya jubilado), bebo una copa de vino tinto (normalmente un buen Rioja). Además de una dieta equilibrada, una cosa que ayuda mucho para mantener el peso adecuado es tener una báscula en el baño y, después de la ducha matinal, pesarse a diario.

Espero que lo que vais a leer, a continuación, no genere adicción alguna. No es ninguna recomendación, se trata tan solo de una simple anécdota. Jordi, mi hijo mayor, vive y trabaja en Suiza y, en la actualidad, debido a la enfermedad de su madre, sus viajes a Barcelona son muy frecuentes. Cuando esto ocurre, comer y cenar los cuatro juntos (Mª Juana, David y los dos Jordi) es una verdadera delicia. Hace muy poco, al finalizar una de estas estupendas comidas, Jordi Jr. obsequió a su madre con unos pocos regalos: una tarta de manzana, dos cajas de bombones de chocolate (los famosos Top Ten) y una botella de un licor catalán. Compartimos el aludido pastel y los bombones y, antes de servir el correspondiente chupito de ratafía L'Hòstia, leí en la botella lo siguiente:

Licor miraculós. L'Hòstia sagrada que tot ho cura. L'autèntic i genuí elixir que ens deslliurarà de qualsevol mal, mamem.

Al terminar con aquel delicioso brebaje me fui a la cama, necesitaba con urgencia hacer una larga siesta. A veces, romper mínimamente las reglas no creo que haga demasiado daño; al revés, gracias a la ratafía, riéndonos juntos, jamás cuatro personas que se quieren nos habíamos sentido tan maravillosamente unidas.

2. EJERCICIO

En mi época de juventud andar era un ejercicio frecuente que practicábamos todos: a diario nos desplazamos a pie al instituto, a la universidad y a muchos otros lugares, por eso estábamos tan delgados. Ahora, en general, los más jóvenes han dejado de andar y se trasladan con bicicletas, patinetes o motocicletas. Si nos fijamos en quiénes son los que aún continúan caminando por nuestras calles, veremos que la mayoría son ciudadanos de edad avanzada, aquellos que ya no nos montamos en patinetes y, además, ya no tenemos ninguna prisa.

Yo sigo con fidelidad la norma de hacer diariamente algo de ejercicio. Nunca me ha gustado practicar deporte en soledad (natación, ciclismo, pesas en el gimnasio...), siempre he preferido competir; por eso, hace años jugué mucho al tenis y al *squash*, y ahora practico el pádel en el CNB. Sea como fuere, el ejercicio es básico, y cuando me falla algún partido paseo un buen rato por mi querido Eixample.

Se ha demostrado científicamente que el ejercicio físico no es que rejuvenezca, simplemente consigue que el envejecimiento sea más lento, ya que sus beneficios sobre las funciones cerebrales ayudan a que las alteraciones y procesos degenerativos lleguen más tarde.

3. REVISIONES

En estos momentos, somos numerosos los ancianos que, después de ser operados de cataratas, ya no usamos gafas para ir por la calle, solo las necesitamos si queremos leer cómodamente. Pues bien, ahora aprovecho la ocasión para recomendar guardar cuantas precauciones sean posibles con nuestros ojos. Es bueno hacerse revisiones periódicas, ya que los datos son alarmantes: se estima que en nuestro país hay setecientas mil personas con degeneración macular asociada a la edad, y que el número de los que se encuentran en riesgo de desarrollarla ya se eleva a los tres millones. También os aconsejo estar pendientes de los índices de colesterol y de triglicéridos, así como del PSA (ya sabéis, el que nos indica a los varones cómo se encuentra la próstata).

4. INFORMACIÓN

Vuelvo con un tema que ya planteé en el capítulo 11: recomendar a todos aquellos que han logrado llegar a los ochenta años sin tener ordenador que adquieran uno con la máxima urgencia. Estoy seguro de que no me harán ningún caso si sus vidas han transcurrido alejadas de dichos artilugios, sin embargo, desde estas líneas quiero insistir. Hoy en día una computadora es absolutamente necesaria. Al igual que usamos los teléfonos, el televisor o la radio, debemos manejar un ordenador, pues estaremos más conectados a los demás y, en especial, viviremos más informados. Cada día recibo el diario *La Vanguardia* en mi casa (soy un antiguo suscriptor), pero a través de mi conexión a internet también estoy abonado a los periódicos *El País, El Mundo, La Razón, El Periódico* y el *ABC*. Cada mañana, después de consumir mis dos tostadas de pan integral con aceite de oliva mientras leo y mancho *La Vanguardia* de papel, leo los cinco periódicos antes mencionados a través de la pantalla de mi PC. Conversar con personas del barrio en algunos de sus bares y compartir tertulias con los amigos íntimos de siempre está muy bien, pero la información diaria a través de los periódicos también es necesaria. Lo importante es contrastar opiniones. Lo que no se puede hacer es obsesionarse con verdades absolutas y seguir únicamente a los periodistas que escriben y dicen exactamente lo que queremos escuchar.

Tengo un amigo en Nueva York (un republicano de toda la vida) en cuya casa solo se ve Fox News, el canal de televisión conservador de Estados Unidos que ostenta un monopolio absolutamente consolidado gracias a su cercanía a Donald Trump. Me entristece mucho que uno de mis mejores amigos de juventud, con el tiempo convertido en un verdadero hermano (*bro*), lo vea a diario durante horas y horas.

El anciano que decida hacerme caso y se compre un ordenador tendrá que buscar ayuda desde el primer día para poder resolver los problemas que se le acumularán, y esto es exactamente lo que le va a propiciar que ejercite su cerebro. Mi habilidad en temas informáticos nunca ha sido la que yo hubiera deseado poseer, no obstante, cada vez que surge un problema delante de mi equipo informático como consecuencia de mi falta de destreza, lo intento de nuevo, y si no consigo solucionarlo, llamo a un amigo para salir del aprieto. Otra situación muy recurrente es aprovechar los contactos con los nietos, ellos saben un montón de trucos sobre la materia. Nuestra sociedad está absolutamente informatizada, por lo tanto, los ancianos que aún no tenéis computadora, sin quererlo, os estáis aislando. Ánimos: ¡a por el ordenador!

5. ARRIMAR EL HOMBRO

En mi caso, y por encima de la música, la pintura, la escritura y la arquitectura (mis cuatro quehaceres básicos), la actividad diaria que me comporta más felicidad es ayudar a mi mujer (una de las personas más importantes de mi vida) pues, por desgracia, necesita asistencia. Con la ayuda de excelentes trabajadoras latinoamericanas, cuido de ella continuamente; y es precisamente con esa experiencia a cuestas que recomiendo (ya lo hice en «Introducción del autor») que ayudéis a aquellos familiares o amigos que os necesiten, ellos os lo agradecerán y vosotros sentiréis un placer especial. Servir a los demás es básico; al hacerlo, la felicidad aumenta y, como ya he sugerido varias veces en otros capítulos, se ha de llevar a cabo con la debida cordura y equilibrio para no perjudicar el normal desarrollo de nuestras propias vidas.

Para mí, vivir de manera que valga la pena quiere decir tocar a Chopin, leer a Borges, pintar, conversar con amigos, contemplar cómo sale el sol en el Club Natació Barcelona (CNB) antes de iniciar un partido de pádel, celebrar con canelones el día de San Esteban junto a mi familia, intercambiar a diario mensajes de WhatsApp con los amigos de siempre, ver crecer a nuestros nietos, etcétera. Las listas son larguísimas y muy variadas, cada uno tiene la suya; pero insisto: cuando te vuelcas en ayudar a los demás es cuando realmente aprecias que vivir vale la pena. Al hacerlo, no solamente sentiremos un placer especial, sino que habremos entendido que parte de la sociedad longeva necesita la acción desinteresada de los otros: los que, además de encontrarnos bien, aún estamos en activo.

6. SOLIDARIDAD

En cierta ocasión leí en un boletín de la Federació d'Associacions de Gent Gran de Catalunya lo que resultó ser una experiencia muy interesante que paso a contaros. Un matrimonio de edad avanzada, compuesto por una esposa dependiente y un marido autónomo, pero no con suficiente vigor para atenderla, han decidido compartir piso con otra pareja que convive con ellos durante la semana excepto los domingos y festivos. Los fines de semana y en días de fiesta son los parientes quienes se ocupan de ellos en las horas diurnas. Así, los cuatro ancianos viven acompañados y, por otro lado, los beneficios económicos son evidentes. Los gastos de piso y manutención de las cuatro personas se elevan a mil ochocientos euros al mes, los cuales, repartidos en cuatro partes, significan cuatrocientos cincuenta euros por cabeza. Este ejemplo da pie a pensar que también es muy positivo reinventar una red más amplia de solidaridad, un tejido asistencial que no funciona basándose en lazos familiares, sino articulado a partir de la imaginación para responder a necesidades similares. En Holanda existe un programa muy bien estudiado a través del cual jóvenes estudiantes comparten vivienda con gente mayor; de esta manera, pagan un alquiler muy bajo y, a cambio, les hacen compañía.

Somos una especie longeva, esta es una de nuestras grandes particularidades, una de las señales de identidad que nos definen. La mayoría de las características que nos conforman nos llevan siempre a buscar la aceptación por parte del grupo; ser miembros de una familia, tribu o club deportivo es nuestra principal vocación, ya que así nos sentimos más protegidos y realizados. El individualismo tiene un recorrido muy corto en esta especie. Como dice María Martiñón-Torres (directora del Centro Nacional de Investigación sobre la Evolución): «Es más frágil un individuo que está solo que un individuo que está enfermo».

7. DOLCE FAR NIENTE

Aparte de comer de manera equilibrada, hacer deporte, leer, estar ocupado y ser solidario, también es importante dedicar media hora diaria al *dolce far niente*, expresión italiana que vendría a decir algo así como «dulce ociosidad». Dedicar un tiempo a no pensar es una actividad que resulta positiva. Algunas veces, cuando nos alejamos de este mundo instintivamente y sin querer porque nuestra mente se ha quedado en blanco, al cabo de unos instantes, al regresar a él, descubrimos que en ella han surgido nuevas ideas. El *dolce far niente*, algo que podemos provocar de forma consciente, y ese estado emocional instintivo al que acabo de hacer alusión (quedarse en blanco) tienen una cosa en común: dejan reposar la mente. Por eso, a veces e inmediatamente después, surgen ideas estupendas.

8. PELDAÑOS

Quiero avisar a todos los longevos que habéis tenido la paciencia de llegar hasta este capítulo que, a diferencia de la Rambla de Catalunya (una elegante calle de Barcelona) que desciende suavemente hacia el mar (aproximadamente con una pendiente del 7 por ciento), la vejez, a veces, se va complicando a base de trompicones, y el día menos pensado nos damos cuenta de que la calidad de vida de la que disfrutábamos ha bajado un peldaño, de golpe ya no es la misma, y percibimos nuevos deterioros. Hemos de permanecer atentos y, cuando a través de estos bajones nuestro *statu quo* quede modificado, sin derrumbarnos, hemos de adaptarnos a la nueva realidad con inteligencia e imaginación. Y si un día determinado notamos de manera definitiva que ya no tenemos ilusión por nada ni por nadie, lo tendremos que encajar. Querrá decir que hemos entrado en esta vejez que no vale la pena vivir.

9. CONVERSAR CON AMIGOS Y CONOCIDOS

También es muy positivo rodearse de amigos inteligentes y honestos que nos ayudarán a abrir lo bueno de nuestro espíritu. Cuanto más hablemos con ellos, mejor. Y, si conversamos con los vecinos o simplemente conocidos (los denominados «lazos débiles»), y pese a que en muchas ocasiones no se entable con esas personas más que diálogos superficiales, el contacto humano siempre redunda en que estaremos más abiertos al mundo y, por lo tanto, seremos más felices.

10. BUSCAR LA ARMONÍA

Enamorarse de la hondura de las cosas es fundamental. Arrepentirnos de lo que hicimos o no durante la juventud no soluciona nada. Durante la vejez hemos de intentar dar las soluciones oportunas a los problemas nuevos que van surgiendo, y así buscar la armonía. Con esta actitud envejeceremos mucho mejor.

Capítulo 30
CONCLUSIONES

He querido redactar este capítulo final para reafirmarme en mis tesis más importantes. El asunto con el que me gustaría empezar tiene que ver con un vocablo. Diga lo que diga la OMS al respecto de definir los conceptos «edad avanzada», «viejo» y «vejez avanzada», a mí me resultaría más grato que empleáramos el término «séniores» para todos los seres humanos a partir de los sesenta y cinco años y, por supuesto, según fueran evolucionando sus vidas, incluirlos en otras denominaciones más específicas y acordes con su situación física y mental. Otra solución sería denominar «séniores» a los de edades comprendidas entre los sesenta y cinco y hasta los setenta y nueve y, a partir de los ochenta, denominarlos «azules».

Escogí el color azul como consecuencia de haber leído que ciertos lugares de nuestro planeta, como Cerdeña, la isla griega Icaria, Okinawa, la península de Nicoya en Costa Rica y la comunidad de Adventistas del Séptimo Día de Loma Linda en California (Estados Unidos), todos ellos ubicados en demarcaciones aparentemente aleatorias, tienen algo en común: son lugares denominados «zonas azules», donde las personas son más saludables y longevas (superan de media los cien años). La comunidad científica internacional se halla cautivada por este fenómeno y trata de estudiar y entender qué diferencia hay entre el personal residente en dichas áreas y los demás mortales, y qué podemos aprender de ellas. En las zonas azules la gente no necesita ir al gimnasio porque el ejercicio forma parte de su día a día, realizan tareas como jardinería, cuidan de los animales, y el medio de transporte más habitual es caminar. La dieta en las zonas azules se basa en productos locales y poco o nada procesados. Es especialmente relevante el alto contenido en fibra (hortalizas, verduras, frutas...), que mantiene el intestino elástico y en forma y, por tanto, al resto del cuerpo.

Dejando aparte el color azul y el término sénior, las ventajas más importantes de esta época de la vida son la desaparición de ciertas obligaciones (trabajar para ganar dinero, horarios...) y la recuperación del tiempo (ese gran tirano de épocas anteriores). Los séniores y los azules que por el momento no tenemos ninguna enfermedad alarmante no solemos ser tan impulsivos como antes y, al haber acumulado un montón de experiencia, sabemos ver el lado positivo de las cosas; así, obtenemos infinidad de beneficios. Llegamos a la vejez con el pleno convencimiento de que lo verdaderamente importante no es lo que tenemos y somos, sino la manera en que hemos vivido las distintas épocas de nuestra vida. El sentido de la comunidad y la familia han sido fundamentales en nuestro largo caminar. Hay indicios claros que evidencian que las personas que mantienen relaciones (de pareja, familia y amigos) saludables muestran menores tasas de enfermedades crónicas.

Los escritores, músicos, arquitectos y artistas en general que llegan a edades avanzadas con buena salud continúan produciendo obras maravillosas. La lista de ancianos que han seguido aplicándose bien en lo que siempre han hecho es larguísima. Arthur Rubinstein, el gran pianista polaco, dio conciertos hasta los ochenta y nueve años; Dick Van Dyke tiene noventa y seis y sigue actuando en películas y programas de televisión; los arquitectos Wright, Johnson, Sottass o Gardella nos dejaron rebasados ya los noventa, y Niemeyer murió a los ciento cinco años. El paradigma de todos ellos es el sociólogo Edgar Morin, que ya ha superado los cien años y continúa escribiendo un libro cada seis meses. Este intelectual francés, que decidió vivir como «un joven viejo» y se casó a los noventa y seis años, desmonta de manera rotunda las ideas de aquellos que consideran a los octogenarios ciudadanos aburridos y nada productivos. Junto a este grupo de insignes longevos, hay otros miles de ellos que, sin ser conocidos internacionalmente, siguen en la «pomada» haciendo lo que les gusta. Y algunos de ellos son verdaderas autoridades en las materias a las que han dedicado toda su vida, es decir, son ciudadanos que acumulan muchísima sabiduría, por lo tanto, mi conclusión es que, para construir con rigor el mundo del futuro, deberíamos tenerlos muy en cuenta.

Los que tenemos la suerte de disfrutar de una salud aceptable nos hacemos mayores sin demasiados sobresaltos, simplemente vamos notando ciertas irregularidades (ya se ha explicado en las páginas anteriores). En mi caso, las dolencias actuales de mis rodillas tienen que ver con lo mucho que las usé en aquellas desdichadas pistas de *squash* de los años ochenta que, sin precalentamiento alguno, utilicé durante demasiadas horas. Me atrevería a afirmar que un buen número de los síntomas de mi ancianidad tienen que ver con mis actuaciones pasadas. Esto lo intuí a través del sentido común hace algunos años al cumplir los setenta, sin embargo, poco después, leyendo voces doctas al respecto, constaté que científicamente era cierto: «Nuestro cuerpo, hoy en día, es la suma de toda nuestra historia de vida desde que empezó la concepción. Sabemos que la nutrición de la madre durante la gestación influye en la longevidad de su hijo. Es decir, todo influye». Son palabras de Manuel Serrano, biólogo y científico bioquímico.

Es fundamental que los séniores que vivimos ilusionados con la idea de emprender nuevas acciones no olvidemos a los demás. Hemos de saber compaginar esas diligencias particulares con nuestra vida colectiva, o lo que es lo mismo: tenemos que atender debidamente a los familiares que nos necesitan. Es un acto de justicia que no solo nos ayudará a vivir en paz, sino que, además, nos irá preparando para, más adelante, poder aceptar mejor lo que el futuro nos tiene reservado. Y, en los casos en que estos esfuerzos ya no sirvan para nada debido a que las enfermedades de nuestros seres queridos ya están en fase terminal, deberíamos, dentro de la más absoluta legalidad y junto con el asesoramiento de médicos y especialistas expertos en la materia, ayudarles a morir en paz. Algo que nada tiene que ver con las aberrantes recomendaciones de dos japoneses ilustres: el ministro Taro Aso (capítulo 26), el profesor de la Universidad de Yale Yusuke Narita (capítulo 28), o el programa Plan 75 de la película de la también japonesa Chie Hayakawa.

Al margen de la existencia de ancianos insignes (grandes investigadores, célebres concertistas, escritores de prestigio...), mi conclusión es que los mayores en general somos un colectivo que sirve para cohesionar la sociedad. Cumplimos el papel de «cemento social» al aportar un valor añadido: enfermeras retiradas que atienden a pacientes terminales en sus casas, abuelos que a diario acompañan a sus nietos a la escuela, profesionales jubilados (arquitectos, médicos...) dando consejos a los más jóvenes, abuelas con economías saludables que ayudan a hijos y nietos... Labores no remuneradas (o pagadas en negro), pero absolutamente necesarias. En definitiva, un colectivo que, dejando aparte sus infinitas diferencias, continúa teniendo un rol significativo y estimable en la sociedad.

Los otros, los que soportan la vejez en condiciones inapropiadas, ya que no pueden participar prácticamente en nada porque se pasan media vida en centros hospitalarios y continúan luchando de manera imperturbable para sobrevivir, me hacen concluir con dos pensamientos contrapuestos:

lo injusto que puede llegar a ser nuestro mundo y la infinita paciencia de este desafortunado grupo.

EPÍLOGO

Caminar por la vejez me ha satisfecho, y hoy en día aún me satisface. Desde hace bastantes años, la considero una de las épocas de mi existencia más interesantes. Salvando las distancias —lo de ellos son lamentables tragedias—, puede que me ocurra algo similar a lo que sientan los náufragos de las pateras que, rodeados de amigos en las frías aguas del mar, logran llegar a tierras desconocidas y rehacen sus vidas.

Superados los ochenta y seis años, y arrastrando más de una decepción y pequeñas dolencias, con algunos seres queridos sufriendo graves enfermedades y ya con muy pocos amigos, cada día me levanto con ganas de continuar en el mundo. Sé que es un lugar de naturaleza compleja y difícil, si bien vivir en él a mí siempre me ha complacido. Por eso, a los que leáis este libro os puedo garantizar que lo he escrito con mucha ilusión y con la esperanza de ayudar.

Dicho lo cual, sirva este epílogo para remarcar cuatro temas que no estoy seguro de haber sabido explicar con la claridad suficiente, y si lo he hecho, es lo mismo, matizarlos ahora brevemente no estará de más. El primero es aclarar que, al igual que de pequeños entendimos a la perfección que reparar a menudo nuestra bicicleta era una cosa normal, y más adelante, ya adolescentes, comprendimos que un día el Biscúter dejaría de funcionar, los seres humanos tendríamos que asumir que nosotros también nos vamos acabando. Nos pasa lo mismo que a la bici o al Biscúter: al final, desaparecemos de este mundo. Al ser la muerte una evidencia absolutamente natural, la tenemos que aceptar. Yo la asumo desde hace muchos años, y no le tengo ningún temor (capítulos 1 y 28). Todos los ancianos sin excepción deberíamos tener presente que el día menos pensado ella llamará a nuestra puerta. En este libro he intentado ofrecer pautas sobre cómo usar nuestro tiempo antes de que esto ocurra: una lotería que siempre toca. Si os vuelvo a recordar esta triste realidad, no es para poneros de mal humor sino al revés, lo hago para que, mientras no llega, continuéis viviendo cada día —en la medida de vuestras posibilidades— con la máxima ilusión y plenitud.

En segundo lugar, quiero confesar que, en numerosos capítulos, cada vez que ha aparecido el tema de nuestro futuro y he aconsejado hacer cosas nuevas hasta el último día de nuestra existencia (entre ellas, la de comprar un ordenador), casi con total seguridad lo he hecho de manera demasiado machacona, a sabiendas de que muchos de vosotros optaréis por una jubilación más reflexiva y reposada. A este respecto, pido excusas de corazón, y quiero enmendar mi excesiva insistencia declarando esto en voz muy alta: ¡Vive esos años finales como te dé la gana! ¡Que cada cual haga con su tiempo lo que más le apetezca!

El tercer asunto tiene que ver con los comentarios vertidos en el capítulo 1, donde sostenía, entre otras cosas: «Los séniores tenemos muchas cosas en común (una avanzada edad, no sabemos dónde hemos dejado las llaves, andamos más despacio que antes, tomamos varias pastillas al día, una gran mayoría están jubilados, algunos viven en residencias...), pero todos, sin distinción, somos extraordinariamente heterogéneos». Pues bien, en esta larga lista de datos y anomalías, me olvidé de mencionar un vicio de la gente mayor que a mí me pone muy nervioso y, como anciano, siempre intento evitar. Me refiero al comportamiento final de muchísimos séniores al terminar ciertos cometidos en La Caixa (supongo que en otros establecimientos bancarios también sucede lo mismo), los supermercados o la farmacia. Cuando ya han terminado sus gestiones o compras, de manera relajada y sin prisa alguna, empiezan a hablar por hablar, olvidando que, detrás de ellos, hay muchos otros que están esperando. Supongo que este error proviene básicamente de la suma de tres cosas: las ganas de comunicarse, el tener más tiempo que la gente joven y, en ocasiones, no pensar demasiado en los demás.

El cuarto tema tiene que ver con algunas recomendaciones y, sobre todo, con esa infinidad de séniores desafortunados que nos rodean a diario. Recomiendo mirar el cielo cada día varias veces

—y si es azul aún mejor—, su luz nos suministra energía y esperanza; almorzar, cenar o tomar un café con amigos y conversar atenta y largamente; saludar con alegría a vecinos y conocidos del barrio; no aceptar jamás la silla que nos brinda aquella joven en el autobús o el metro; tocar algún instrumento; planear objetivos para el mañana; leer y leer sin parar y, finalmente, a cualquier hora y desde el corazón, además de dar gracias por estar viviendo la vejez que vale la pena vivir, deberíamos enviar un mensaje de esperanza a todos aquellos que, en residencias o en sus domicilios, no han tenido tanta suerte y viven la otra vejez: aquella donde imperan la desazón, la injusticia, el dolor, la oscuridad y la tristeza.

Y para concluir, os contaré una anécdota. La leí hará un año en la sección «Cartas al director» del diario *La Vanguardia*. La escribía una nieta de la protagonista, una señora de noventa años que a sus treinta se trasladó a la Ciudad Condal procedente de un pequeño pueblo de la provincia de Soria. Hoy, esta mujer se encuentra matriculada en el Centro Cívico de la Sagrada Familia de Barcelona para aprender catalán; su nieta explica que lo ha hecho porque se sentía en deuda con Cataluña, la tierra que, en su día, la acogió. Una bella anécdota que deja muy clara una cosa:

A cualquier edad, con el cerebro en forma, las decisiones y los caminos que tomar son infinitos.